史家之绝唱

无韵之离骚

少年读史记故事

世家风云

沈忱 编著

北方联合出版传媒(集团)股份有限公司

万卷出版公司

ⓒ 沈忱 2021

图书在版编目（CIP）数据

少年读史记故事.世家风云 / 沈忱编著. — 沈阳：
万卷出版公司，2021.1（2021.9重印）
ISBN 978-7-5470-5544-1

Ⅰ. ①少… Ⅱ. ①沈… Ⅲ. ①中国历史—古代史—纪
传体②《史记》–少年读物 Ⅳ.①K204.2-49

中国版本图书馆CIP数据核字（2020）第245043号

出 品 人：王维良
出版发行：北方联合出版传媒（集团）股份有限公司
　　　　　万卷出版公司
　　　　　（地址：沈阳市和平区十一纬路25号　邮编：110003）
印 刷 者：辽宁新华印务有限公司
经 销 者：全国新华书店
幅面尺寸：145mm×210mm
字　　数：120千字
印　　张：6
出版时间：2021年1月第1版
印刷时间：2021年9月第4次印刷
责任编辑：齐丽丽
责任校对：张兰华
装帧设计：张　莹
ISBN 978-7-5470-5544-1
定　　价：28.00元
联系电话：024-23284090
传　　真：024-23284448

为什么要读《史记》？

两个为什么

现在，我要开始写这本书；而你，要开始读这本书。

我们面临一个共同的问题——

对我来说，是："我为什么要写这本书？"

对你来说，是："我为什么要读这本书？"

只要知道了你为什么要读这本书，也就知道了我为什么要写这本书，以及应该怎样写，应该突出什么、避免什么……

可以说，"你的问题"是解开"我的问题"的钥匙。

是啊，我们为什么要读《史记》呢？在我读过的所有书中，这本书的枯燥程度，大概仅次于《黄帝内经》了。

当然，我指的是还没入门的时候。一旦入了门，你就好像进入了一座宫殿，枯燥、干巴的句子，瞬间优美起来；还跟网上的"超链接"一样，能让你从这个句子联想到其他典故，大脑自动点击"链接"，就进入了另一个世界……

但要到那程度，估计你都上大学了。现在，《史记》对你来说，依然十分枯燥。书里提到的名人，不说上万，几千总有吧？就算专家，也未必能全记住。

我从哪里来

这么枯燥，我们干吗还看它呢？

因为，随着年龄的增长，你一定会问一个问题。

我是从哪里来的？

我是爹妈生的。

爹妈是从哪里来的？

爷爷奶奶、姥姥姥爷生的。

他们又是从哪里来的？

祖先繁衍的。

祖先又是从哪里来的？

——问到这里，你爸妈估计快崩溃了。

还好，他们想到了《史记》。

答案就在这本书里。

《史记》里寻根

《史记》的第一篇，叫《五帝本纪》，这里面讲的第一个人，就是我们共同的祖先之一——黄帝。

我们都是炎黄子孙，这个"炎黄"，指的是炎帝、黄帝，他们是黄河流域最早的两大部落首领；在炎黄的基础上，繁衍了华夏族；在华夏族的基础上，形成了中华民族。

为了说得清楚一点，我举个例子。

我姓高，山东人。山东古称齐鲁，齐、鲁是周朝的两个诸侯国，齐国第一任国君是姜太公。

通过研究史料，我发现高姓大多是姜太公的后裔。姜太公的子孙后代，主要姓姜和吕，也有其他分支——多达二十来个，其中就有"高"。

姜太公的后代为什么不全都姓姜，还分出那么多姓？

因为古人使用姓的时候，很不规范；有的根本就没姓，甚至连名都没有。其原因很简单：人少。

高姓，源自姜姓，而姜是炎帝的姓氏。所以，这一姓氏最初的源头，就是炎帝。

于是，通过看《史记》，结合其他史料，我知道我是从哪里来的了；对着小伙伴们炫耀一下，还是很有自豪感的。

祖先在哪里

我找到答案了。可是，你还没有。那么，看《史记》吧！一定要注意里面千奇百怪的姓名，说不定，就和你有关！

不过，还有个问题没解决。

万一别人说："中国十几亿人口，怎么偏偏你是炎帝（或者某位名人）的后代？"

一开始我也有这个困惑。后来，我想通了。

你听说过"填满棋盘 64 格大米"的故事吧？皇帝要感谢农夫，农夫说，把这个棋盘填满就行了。怎么填呢？第一格，放 1 粒大米；第二格，放 2 粒；第三格，放 4 粒；第 4 格，放 8 粒……总之下一格翻一倍，就行了。

皇帝一听，这简单！没想到，算到第 64 格，全国的大米都放进去，也不够……

人类的繁衍是同样的道理，一个生两个，两个生四个，四个生八个……只要环境能够承受、没有意外灾害，会呈"几何级数增长"。几千年前一个几十人的小姓，到现在发展成几千万人，很正常。

好了，现在，让我们一起开启《史记》的"探索之旅"吧！

■ 序言

■ 周游列国：**孔子的故事**（孔子世家）

　■ **名显诸侯**：有学问却难施展　　　　002

　■ **周游列国**：惶然如丧家之犬　　　　014

■ 起义烽烟：**陈胜的故事**（陈涉世家）

　■ **揭竿而起**：王侯将相宁有种乎　　　022

　■ **功亏一篑**：人一多想法也多　　　　028

■ 后宫风云：**皇后及嫔妃的故事**（外戚世家）

　■ **长居深宫**：被冷落也能保命　　　　040

　■ **阴差阳错**：遭忌恨却成皇后　　　　048

■ 功亏一篑：**刘肥父子的故事**（齐悼惠王世家）

　■ **富甲一方**：稍不留神性命忧　　　　056

　■ **兄弟齐心**：平叛乱是为皇位　　　　060

■ **幕后功臣：萧何的故事**（萧相国世家）

  ■ **坐镇关中**：招兵买马助大业　　　　072

  ■ **论功行赏**：刘邦公正而客观　　　　076

  ■ **自毁声誉**：萧何生存有绝招　　　　080

  ■ **举荐曹参**：不计前嫌美名扬　　　　084

■ **萧规曹随：曹参的故事**（曹相国世家）

  ■ **纵横沙场**：南征北战成名将　　　　088

  ■ **萧规曹随**：先天不足后天补　　　　094

■ **运筹帷幄：张良的故事**（留侯世家）

  ■ **胸怀大志**：散尽家财杀皇帝　　　　102

  ■ **投靠刘邦**：运筹帷幄灭项羽　　　　107

  ■ **化解危机**：明哲保身功成退　　　　114

■ 毁誉参半：**陈平的故事**（陈丞相世家）

　　■ 不甘贫困：脱贫之法有绝招　　　　　124

　　■ 智勇双全：功劳大是非更多　　　　　127

　　■ 稳定局势：活捉韩信灭吕氏　　　　　136

■ 智不存身：**周勃父子的故事**（绛侯周勃世家）

　　■ 功绩卓著：心惊胆战过一生　　　　　146

　　■ 显赫一时：智不存身结局惨　　　　　154

　　■ 结局悲惨：预言成真陷绝境　　　　　159

■ 恃宠而骄：**梁孝王刘武的故事**（梁孝王世家）

　　■ 酒后之言：引发数十年恩怨　　　　　166

　　■ 心怀怨恨：暗害大臣郁郁终　　　　　174

周游列国：孔子的故事

孔子世家

一位享誉世界、名留千古的教育家、思想家，有生之年却居无定所，颠沛流离。为了实现自己的理想，孔子踏上了周游列国之路，将自己的思想传遍华夏。只可惜在他有生之年，并没有看到理想变成现实。

名显诸侯：有学问却难施展

带着问题读《史记》

孔子为何要周游列国？

◉ 主人没请你，请回吧！

孔子，春秋时代鲁国人，出生在昌平乡的陬（zōu）邑。因为刚生下来的时候头顶中间是凹下去的，所以被父亲叔梁纥取名为丘，字仲尼，姓孔氏。

孔子出生不久，父亲便因病去世。虽然家中贫困，但孔子仍抓住一切机会刻苦学习。由于社会地位低下，年轻的孔子很早便明白了什么叫作世态炎凉。

在孔子十六岁那年，当地的名门季氏宴请宾客。孔子去赴宴，却被季氏的门客阳虎挡在了门口。阳虎冷冰冰地对他说："季氏招待的都是天下名士，你一个穷小子跑来干吗？没人请你来！"

就这样，孔子没能参加宴席。不过，在他心中却萌发了一个念头：好好学习，出人头地！

经过发愤苦读，孔子越来越博学，名气也越来越大。在他十七岁那年，鲁国大臣孟釐（lí）子病危。临终前，他告诫儿子孟懿子说："孔丘是圣人的后裔。他的祖先孔父嘉是在宋国被杀的。孔父嘉的父亲正考父的曾祖弗父何当初应该继任宋国国君，但他却让位给了弟弟宋厉公。正考父先后辅佐过宋戴公、宋武公和宋宣公三代，做了上卿。且正考父每一次得到高位，都越发谦恭谨慎，并铸鼎铭文，刻下铭训，后世对他评价极高。

"我听说大凡圣人的后裔，即便做不了大官也必然会成为才能出众的人。如今的孔子年纪轻轻就博学好礼，将来很可能会闻名于世。如果我死了，你一定要拜他为师！"

孟釐子死后，孟懿子与他的兄弟南宫敬叔果然拜师孔子，学习周礼。

数年后，孔子在南宫敬叔的推荐下去见鲁国国君鲁昭公，鲁昭公派孔子前往周朝都城学习礼仪。

在此期间，孔子曾与老子相见，他向老子虚心请教，学得了不少知识，很受老子喜欢。

孔子离开时，老子前来送行。他对孔子说："我听说富贵的人是用财物来为人送行的，品德高尚的人送别则是赠予良言。我不是个富贵的人，姑且充当一次品德高尚的人，送你几句话：聪明深察的人往往易遭杀身之祸，原因是这种人喜欢议论别人。博学善辩、能力非凡的人往往会遭遇危险和不测，原因是他热衷于

揭发别人的罪恶。作为子女，应该为父母着想，不该只想到自己。作为臣子，应该多为君主想想，不能只顾自己。"

老子的话，让孔子感触颇多。

回到鲁国后，孔子受到越来越多人的推崇，拜他为师的人也越来越多。

🌼 可悲的齐国经历

孔子三十岁那年，齐景公带着上大夫晏婴来到了鲁国，与孔子见了面。

齐景公问孔子："以前秦穆公时期的秦国，国土很小，地处偏僻，但为什么秦穆公却能称霸一时呢？"

孔子回答："当时秦国虽然国土面积小，但秦穆公志向远大。虽然位置偏僻，但秦国的政策非常得当有效。他曾用五张稀有的黑羊皮赎回了贤士百里奚，并不在乎他曾经是个有罪之人。

"秦穆公与百里奚交谈了整整三天，将国事托付给他。用这种方式治理国家，秦国即使称王都可以，称霸又算得了什么呢？"

齐景公听罢，非常高兴。

孔子三十五岁那一年，鲁国发生内乱。正卿季平子与大夫郈（hòu）昭伯因为斗鸡得罪了鲁昭公，鲁昭公率领军队攻打季平子。后来季平子又联合孟孙氏与叔孙氏一起围攻鲁昭公。鲁昭公惨败，被迫逃往齐国，被齐国安置在乾侯。

没过多久，鲁国再度爆发内乱，孔子离开鲁国来到齐国，做了齐国大臣高昭子的家臣。孔子此举其实另有目的，他想通过高昭子来接近齐景公，以实现自己的抱负。

于是，孔子利用各种机会与齐景公的宠臣见面，终于有一天他见到了齐国的乐官，与他一起讨论音乐。孔子从乐官那里听到了虞舜时期的名曲《韶》，惊叹不已，便专心学习起来，一连三个月废寝忘食，甚至尝不出肉的滋味。这件事情很快在齐国传开，得到齐人的一致称赞，齐国人都非常佩服孔子的认真态度。

齐景公听闻此事，非常感慨，便召见了孔子。两人的话题也慢慢从音乐转到了国政。

有一天，齐景公向孔子请教治国的道理，孔子说："国君要有国君的风范，大臣要有大臣的样子，儿子要有儿子的举止。"

齐景公连连点头，说："讲得太好了！要是国君不像国君，臣子不像臣子，父亲不像父亲，儿子不像儿子，就是有再多的粮食，我又怎么能吃得到呢？"

过了几天，齐景公再度向孔子请教治国的道理，孔子说："治理国家最重要的是控制开支，杜绝浪费。"

齐景公对孔子的回答非常满意，认为孔子是位不可多得的人才，打算将尼溪地区的一块土地封赏给孔子。但晏婴却劝阻他："像孔子这样的儒者，大都能言善辩，不遵守法律，骄傲自大，傲慢任性，难以驾驭。儒者注重办丧事，宁愿倾家荡产也在所不惜，这种做法不值得提倡。他们到处游说，目的就是博取功名，这种人不能

用来掌管国事。另外，孔子过分讲究繁文缛节，这些东西就是几代人也学不完，大王您或许是想用这一套来改变齐国的风俗，但这却不是管理百姓的好办法。"

晏婴的话打动了齐景公。从那以后，齐景公对孔子依旧客气，经常召见，但是再也不向孔子请教礼仪方面的问题了。

又过了一段时间，孔子在齐国的处境变得越来越尴尬，有部分大臣对齐景公善待孔子非常不满，甚至有人打算暗害孔子。孔子得到消息后，心灰意冷，只好离开齐国，回到了鲁国。

🌀 隐居乡间，传道授业

孔子回到鲁国，并没有得到任用，只能隐居乡间。

孔子四十二岁那年，流亡齐国的鲁昭公病逝，鲁定公即位，季桓子执掌朝政，他的家臣阳虎与仲梁怀发生内讧。阳虎想驱逐仲梁怀，却被另一个家臣公山不狃（niǔ）阻止，仲梁怀因此越发骄横。

最终，阳虎忍无可忍，将仲梁怀抓了起来，此举令季桓子非常愤怒。阳虎一不做二不休，干脆将季桓子囚禁，逼迫季桓子订立盟约才将其释放。从此之后，鲁国朝政落入阳虎之手，政局出现动荡。

在乡间隐居的孔子看到鲁国发生内乱，放弃了出来做官的想法，他开始专心整理《诗》《书》《礼》《乐》等古代典籍，并收教弟子。他的弟子越来越多，有的甚至从远方慕名赶来，跟孔子学习知识。

到了孔子五十岁那一年，公山不狃背叛了季桓子，与阳虎密谋废掉季孙、叔孙、孟孙三家的嫡系继承人，改立阳虎喜欢的庶子。为了达到目的，他们抓住了季桓子。没想到后来季桓子却逃了出来，率兵进攻阳虎。阳虎不敌，只得逃出鲁国去了齐国，而公山不狃则占据费邑，继续与季桓子对抗。

为了扩大自己的影响，公山不狃派人邀请孔子前往费邑相见。此时的孔子也很想将自己的治国理念运用实施，便打算前往费邑。

孔子随口说道："当初周文王和周武王都是在丰、镐那么小的地方起家，而后建立千秋功业的。如今费邑虽然小了点，但与当年的丰、镐情况类似，或许值得一试。"

不过，孔子的学生子路却对老师的想法很不赞成，出言阻止。孔子说："征召我的人想必也是经过深思熟虑的，如果他真的用我，我将在那里推行周朝的礼仪制度。"

不过，最终孔子还是改了主意，没有前往费邑。

✿ 孔子在外交舞台大放异彩

又过了几年，隐居乡间的孔子终于获得了鲁定公的垂怜，被任命为中都的地方长官。孔子欣喜异常，立刻走马上任，并将所有的精力都放在了地方管理上。

不到一年光景，中都的面貌焕然一新，周边各地的官吏纷纷仿效孔子的治理方式。孔子也因政绩突出升任为司空，不久后又

由司空晋升为大司寇。

孔子在鲁国取得的巨大成就，引起了齐国的警惕。鲁定公十年（公元前500年）的夏天，齐国大夫犁锄（chú）对齐景公说："鲁国任用了孔子，这样下去会给齐国构成威胁。"

于是，齐景公派人与鲁定公相约在夹谷相见，准备在夹谷将鲁定公杀死。鲁定公对此毫无防备，打算只带几个随从乘车前往，甚至连侍卫将领都不打算带去。

此时，孔子对鲁定公说："办理文事必须要有武力作为后盾，办理武事也要有文官相随。以前只要国君离开鲁国，都一定要文武官员齐备，请您也带上左右司马这样的武将相随。"

鲁定公这才惊醒。

鲁定公到达夹谷时，夹谷已经修筑了高台，台上设立座次，台阶共有三级。鲁定公与齐景公在台前行了见面礼，互相谦让登上高台。

两位国君互赠礼物、敬酒等仪式结束后，齐国的官员突然快步走上前请示："请国君允许演奏四方鼓舞。"齐景公点头答应。于是，齐国的乐队拿着旌旗、弓弩、长矛、长戟等，大呼小叫地来到高台前准备表演。

孔子一看情形不对，连忙快步跑了过去，站在第二级台阶上喝道："我们两国的国君是为了和平来此会晤，这种野蛮人的舞蹈怎么能用在这种场合？请贵国的官员下令将歌舞撤下去！"

孔子的义正词严令齐国的官员非常尴尬，只好下令让乐队离开，可乐人们仍不肯离去。

孔子又转过头紧盯着齐景公。齐景公心中非常惭愧，挥挥手让乐人们离开。

又过了一会儿，齐国官员上前请示道："请国君允许表演宫廷的歌舞。"齐景公又点头答应。于是，齐国能说会唱的艺人和参加表演的小矮人们又边唱边跳接近高台。

孔子见状，又跑过来呵斥道："小人用低俗的表演迷惑诸侯，按律应该处死，请主管此事的官员下令动手吧！"

齐国的主管官员无奈，只好依法处罚，一拥而上的武士将小矮人处死，其他表演者吓得全身发抖。

看到这番情形，齐景公非常害怕，知道孔子有了防备，便只好放弃了刺杀鲁定公的计划。

回到国都后，齐景公对手下表示："孔子用君子之道辅佐国君，而你们教给我的却是野蛮人的方式，害得我得罪了鲁国，现在该怎么办呢？"

有位大臣回答："君子犯了过失，就应该老老实实地向对方赔礼道歉。小人有了过失，就会用花言巧语进行掩饰。如果大王真的于心不安，就应该用实际行动表达自己的歉意。"

于是，齐景公将以前从鲁国抢占的郓、汶阳、龟阴等地区归还给鲁国，并再三表达自己的歉意。

◎ 孔子的策略半途而废

鲁定公十三年（公元前 497 年），孔子向鲁定公建议，削弱季孙氏、叔孙氏和孟孙氏的实力，强化国君的权力。在得到鲁定公的同意后，孔子派子路去担任季孙氏的总管，打算逐一拆毁三家的城墙。

在孔子的劝说下，叔孙氏主动将封邑的城墙拆除，季孙氏也准备拆除城墙。可就在这时，公山不狃突然发动叛乱，鲁国大乱，季孙氏、叔孙氏和孟孙氏与鲁定公一起逃到了尚未拆除城墙的季孙氏封邑，组织人马进行抵抗。

得到公山不狃叛乱的消息，孔子立即派遣大夫申句须、乐颀等人向公山不狃发动反击，将其击败，随后又在姑蔑一带重创公山不狃。公山不狃走投无路，只能逃往齐国。

叛乱平定后，孔子重新开始执行拆除城墙的计划，拆除了季孙氏的城墙。但当孔子拆除孟孙氏城墙时，却遭到孟孙氏家臣公敛处父的反对。

公敛处父对孟孙氏表示："如果我们也拆除了城墙，一旦齐国发兵进攻，我们就失去了防御的屏障。没有了城墙，也就没有了孟孙氏，请您慎重考虑。"

最终，孟孙氏听从了公敛处父的建议，拒绝拆毁城墙。孔子无奈，只好请示鲁定公。鲁定公大怒，出兵围攻孟孙氏，却始终没能获胜，拆除城墙一事半途而废。

被迫离开鲁国

鲁定公十四年（公元前 496 年），孔子五十六岁，官拜大司寇并代理国相，主管鲁国政务。

他下令处死了祸乱朝政的大夫少正卯，稳定了鲁国的内部局势，并将鲁国治理得井井有条。三个月后，商人们不敢哄抬物价，鲁国男女遵从礼制，街道上路不拾遗，其他诸侯国的人士来到鲁国都有宾至如归之感。鲁国的地位在各诸侯国之中得到了很大的提升。

不过，孔子的举动却令齐国大臣更加担心。他们担心在孔子的治理下，鲁国将称霸各诸侯国，到时齐国将受到巨大的威胁。也有不少人提出不如尽快割让土地给鲁国，搞好与鲁国的关系。

齐国大夫犁鉏认为，应该先想办法除掉孔子，不行的话再割让土地。这个建议最终得到了齐国国君的采纳。

不久后，犁鉏在齐国挑选了能歌善舞的美女，又备好了良马一百二十匹，打算全部送给鲁定公。齐国人又安排这些人在鲁国都城南的高门外进行表演。

鲁国权臣季桓子得知此事，穿着便服去观看了几次，后来干脆建议鲁定公以外出巡察的名义来到城南整天观赏表演，以致连国事都耽误了。

孔子的弟子子路发现了这些现象，对孔子说："老师可以离开这个国家了。"

孔子叹了一口气，对子路说："鲁国不久后就将举行郊祭天地的典礼，如果国君能按照礼制将祭肉分给各位大夫，说明他还能不忘国事，那么我们就可以留下来。"

郊祭天地的典礼如期举行，但鲁定公的心里只惦记着齐国送来的美女，连祭肉要分给各位大夫的规矩都忘了。

孔子心灰意冷，带着弟子们悄悄离开了鲁国。

孔子途经鲁国都城南郊的屯地时，鲁国乐师师已得知孔子离去，为孔子饯行。他对孔子说："先生没有过错，为何要离开鲁国？"

孔子说："我唱首歌给你吧。"

孔子高声吟唱道："妇人之舌可以离间君臣关系，使贤臣被迫出走。"

就这样，孔子离开了鲁国。

后来师已回到都城，季桓子问他孔子临走时说过什么，师已如实相告。季桓子长叹一声说："孔子是因为这些美女的事情责怪我啊！"

画外音：孔子为何离开鲁国，最为主要的原因是鲁国国君荒废政事，他觉得自己的政治主张和理念无法得到施展，才萌生了离开鲁国去周游列国的想法，希望能得到诸侯国国君的赏识，借此来实现自己的政治理想。

【原著精摘】

景公问政孔子，孔子曰："君君，臣臣，父父，子子^①。"景公曰："善哉！信如君不君，臣不臣，父不父，子不子，虽有粟，吾岂得而食诸！"他日又复问政于孔子，孔子曰："政在节财。"

【注释】

①君君，臣臣，父父，子子：意为君要像君，臣要像臣，父要像父，子要像子。

【译文】

齐景公向孔子请教如何治理国家，孔子说："君主要像君主的样子，臣子要像臣子的样子，父亲要像父亲的样子，儿子要像儿子的样子。"景公听了后说："对极了！假如君主不像君主，臣子不像臣子，父亲不像父亲，儿子不像儿子，即使有很多的粮食，我怎么能吃得到呢！"过了几天，齐景公又向孔子请教治国的道理，孔子说："管理国家最重要的是节约开支，杜绝浪费。"

周游列国：惶然如丧家之犬

带着问题读《史记》

孔子的主张为何无人采纳？

◎ 惶惶然若丧家之犬

孔子离开鲁国后，首先来到卫国，住在弟子子路的妻兄颜浊邹家中。

卫国国君卫灵公早就听说过孔子的事迹，对孔子非常敬仰，便召见了孔子。卫灵公问孔子："你在鲁国时的俸禄是多少？"

孔子回答："俸禄是六万小斗粟米。"

于是，卫灵公派人送给了孔子六万小斗粟米。

可没过多久，有人在卫灵公面前诬陷孔子。卫灵公派公孙余假监视孔子的一举一动。孔子非常担心，在卫国居住了十个月就仓皇离开了。

离开了卫国，孔子前往陈国。途经匡城时，孔子被误认作是曾经杀戮匡城人的阳虎。当地人将孔子围困了五天。后来孔子让一个学生给卫国大夫宁武子做家臣，然后才得以离开匡城。

匡城脱险，孔子仍心有余悸。于是，他经蒲邑又回到了卫国，寄居在卫国大夫蘧（qú）伯玉的家中。但当孔子目睹卫灵公的夫人南子与宦官雍渠一起招摇过市时，他认为此举有违礼制，心生厌恶，于是便再度离开卫国，来到了曹国。

就这样，孔子先后去过曹国、宋国、郑国，后来在陈国居住了三年，结果又遇上了晋国与楚国轮番攻打该国。孔子只好又离开陈国，第三次来到了卫国。

听说孔子又回来了，卫灵公非常高兴，亲自到郊外迎接。不过，卫灵公却始终不愿重用孔子，甚至到后来与孔子交谈时经常走神。孔子见状，叹了口气，对学生们说："如果有人愿意用我，保证一年时间初见成效，三年大功告成，可惜啊！"

没过多久，孔子又离开卫国去往陈国。

后来，孔子又先后去了蔡国、楚国，最终回到了鲁国。他此次周游列国，时间共计十四年，其间历经坎坷，后来孔子也认为自己此次周游列国可谓惶惶然若丧家之犬。尽管在此期间孔子曾积极向各诸侯国的国君们宣传仁政的主张，但并没有得到一位国君的采纳，这也成了孔子一生最大的遗憾。

画外音：孔子的政治主张未能被各诸侯国采纳，主要原因是孔子主张中的核心——"礼"和"仁"并没有得到各国国君们的认同。他们大都认为在当时的局势下应该采用战争来解决内外矛盾，认为孔子的"礼"和"仁"不符合自己的需求。

⊙ 著书立说 ，授业解惑

孔子回到鲁国时，已年近七十。此时，鲁国的国君已经变成了鲁哀公。

听说孔子回到鲁国，鲁哀公非常开心，他立马召见孔子并请教治国之道。孔子说："为政的关键在于选择大臣。"

后来，鲁国重臣季康子也向孔子请教了同样的问题，孔子的回答是："任用正直的人，赶走奸邪的人，那么奸邪的人会逐渐变得正直了。"

不过，尽管鲁哀公与季康子不时向孔子请教国事，但却始终没有任用孔子，而孔子此时也没有为官从政的打算。此时，在他的心中，著书立说、授业解惑才是最大的心愿。

在孔子生活的春秋时代，周朝王室已经衰落，礼崩乐坏，就连《诗》《书》这样的经典著作也残缺不全。于是，孔子一面搜集和考证夏、商、周以来的礼仪制度，一面厘定《尚书》的篇次，按照先后顺序对上起唐尧虞舜、下至秦穆公期间的历史事实进行考证，又为《尚书》作了序。

孔子说："夏朝的礼制我还能讲出个大概，但无法从夏的后代杞国找到足够的文献资料作为证据；殷商的制度我也能说个大概，却无法从殷商的后代宋国找到足够的文献资料作为证据。要是杞国和宋国资料齐备的话，我就能证明它的对错了。"

孔子考察了殷、夏以来礼仪的发展变化，他提出："这些制度虽然距今已过百年，但还是可以推断出来的，其演变的关键在于文采和质朴的交替使用。周朝借鉴夏朝和商朝两代的礼仪而建立了自己的典章制度，呈现出丰富多彩的变化！我赞成用周朝的礼制。"随后，孔子又对《书传》和《礼记》进行了重新整理和编订。

孔子时期流传的古代典籍《诗经》有三千多篇，孔子将其重复的部分进行删减，又挑选出礼仪教育的部分进行重新编订。编订后的《诗经》共有三百零五首诗，孔子为其都配上了乐谱方便于演唱，以求它们和《韶》《武》《雅》《颂》之乐相一致。后来其也成了六艺之一。

孔子晚年喜欢钻研《周易》。孔子说过："假如再让我多活几年，我对《周易》的理解就会更加全面。"

除了编订古代典籍，孔子还潜心撰写了《春秋》一书。该书的时间跨度上起鲁隐公元年，下至鲁哀公十四年，前后一共涵盖了鲁国十二位国君的历史。《春秋》文辞精简，寓意深刻。他曾经对弟子说："后代人夸赞我的将是这部《春秋》，怪罪我的也是这部《春秋》。"

著书立说之余，孔子还用《诗经》《书经》《礼记》《乐经》来教育弟子。他的弟子有三千多人，精通六艺的有七十二人。另外，深受孔子教诲而没有正式入籍的学生，数量也有不少。

孔子教育弟子，主要从学问、行为、忠恕、信义这四个方面入手，制定了不揣测、不武断、不固执、不自以为是这四条戒律。孔子认为，对待斋戒、战争、疾病这三件事情应该特别谨慎。他很少谈到私利，即便偶尔提及，也是将其和命运、道德联系在一起。他教育弟子时，

不到弟子实在弄不懂而急躁时，就不去进行启发。如果弟子不能举一反三，孔子便不再教他。

孔子曾经说过："三人同行，其中一定有可做我老师的人。"又说："不去修养品德，不去深入研究学业，明知道有益的东西而不去学习，知道错了却不去改正，这是我最为忧虑的事情。"

孔子的得意门生颜渊曾赞叹道："先生的学问，我仰慕已久，他的文章，我越钻研越觉得高深莫测。先生对我们这些弟子采用循序渐进的教育方式，用经典丰富我的知识，用礼仪约束我的言行，即使我想停下来不去学习都变得不可能。我竭尽全力，似乎有所成就，但又会发现先生的学问依然高于我之上。虽然极力攀登，却总是达不到先生的那种境界。"

到了鲁哀公十六年二月十一日（公元前479年4月11日），孔子因病去世，终年七十三岁。他被安葬在鲁国都城北面的泗水旁，他的弟子为他服丧三年。三年丧期结束后，仍有弟子主动留下来继续守丧。

后来，鲁国人也形成了一个传统，每一年都要到孔子的墓地进行祭奠，各诸侯国的大臣来到鲁国时，也纷纷先去拜谒孔子，然后再处理政务。

【原著精摘】

太史公曰："《诗》有之：'高山仰止①，景行②行止。'虽不能至，然心向往之。余读孔氏书，想见其为人。适鲁，观仲尼庙堂车服礼器，诸生以时③习礼其家，余祇④回留之不能去云。天下君王至于贤人众矣，当时则荣，没则已焉。孔子布衣，传十余世，学者宗之。自天子王侯，中国言六艺者折中⑤于夫子，可谓至圣矣！"

【注释】

①仰止：敬仰。

②景行：大道。

③以时：准时。

④祇：敬。

⑤折中：取正，判断。

【译文】

太史公说："《诗经》中有这样的话：'像高山一样令人瞻仰，像大道一样让人遵循。'我虽然没有达到这种境地，但是心里却向往这个目标。我读孔子的著作，可以想到他的为人。到了鲁国，看到了孔子的庙堂和遗留的车辆、衣服、礼器，目睹了儒生们按时演习礼仪的情景。我非常敬佩，久久不愿离去。天下的国君王侯贤人足够多了，活着的时候显贵荣耀，一死就什么也没有了。孔子是一个平民，他的名声和学说已经传了十几代，读书人仍然推崇他。从天子到王侯，举目之内凡是研讨六艺的人，都把孔子的学说作为最高准则，孔子可谓是至高无上的圣人了！"

起义烽烟：陈胜的故事

陈涉世家

一个普通的士卒，却能吹响秦国覆灭的号角。在他的影响下，曾经不可一世的王朝土崩瓦解。他的名字叫作陈胜，从乡间田野走出来改变历史的巨人。

揭竿而起：王侯将相宁有种乎

带着问题读《史记》

陈胜为何会揭竿而起反抗秦朝？

◎ 田间地头，陈胜谈起了理想

阳城乡村的田头，有一群青壮年头顶烈日，正在田间劳动。忽然间，有个面目俊朗的年轻人将手中的农具一扔，气鼓鼓地坐在田埂上，两眼紧盯着眼前的农田。

"怎么了，陈胜，不想干了？"有人开起了玩笑。

这位面目俊朗的年轻人叫作陈胜，出生在阳城的农村，家中非常贫穷，平日里靠帮人耕田种地为生，是干农活的一把好手。

"是啊，早就不想干了！这贫困的日子什么时候才是个头啊？不能再这么活下去了！"陈胜没好气地回答。

"有田给你种就不错了，你还想怎么样？不干活，一家老小就要饿死了。"又有人搭话。

陈胜若有所思。过了一会儿，他说道："咱们之间如果将来有谁富贵了，可不要忘记在一起的穷兄弟们啊！"

"你想富贵都想疯了吧？你不过是个穷种地的，哪有什么富贵可言啊！"众人哄笑道。

陈胜叹了口气，说："唉！燕雀这种小鸟，又怎么知道鸿鹄的远大志向啊！"

⊙ 王侯将相宁有种乎

秦二世元年（公元前 209 年）七月，朝廷征调九百名贫苦百姓去渔阳戍边，陈胜和阳夏人吴广是这支队伍的屯长。

队伍走到了大泽乡，天降大雨，道路不通，队伍无法继续前行，只能滞留当地等待天气转好再出发，可苦苦等待了十几天，天气仍没有转好的迹象。

按照秦朝的律法，未能准时到达戍边地点的人都要被处死。大家心中都清楚，由于这场大雨的耽搁，他们肯定无法准时到达渔阳。

怎么办？九百人仰望苍天，心中惊恐不已，不知如何是好。此时，陈胜与吴广也在一起商量对策。

吴广说："我们肯定无法准时到达渔阳了。不想被朝廷处死，就只剩下两条路，一条是各自逃走，结果一样是死。还有一条是起义，干一番事业，结果或许也是死。同样都是死，去尽力搏一搏再死岂不是更好？"

陈胜点点头。虽然与吴广认识的时间不长，但两人很快便成了无话不谈的好友。陈胜知道吴广此刻想说的是什么。

于是，他对吴广说："天下人被残暴的秦朝欺压很久了。我听说秦二世胡亥是始皇帝的小儿子，不是皇位的合法继承人，真正的继承人应该是公子扶苏。

"扶苏因为多次劝谏始皇帝，始皇帝被惹恼后将他打发到外地带兵。他没有任何过错，秦二世却将他杀死了。秦朝的百姓都知道公子扶苏非常贤能，却不知道他已经被害死了。

"项燕是以前楚国的名将，战功卓著，又非常爱护手下的士卒，楚国人非常拥戴他。有人认为他已经死了，也有人认为他尚在人世。

"如果我们假借扶苏和项燕的名义带头造反，天下人一定会响应我们，何愁大事不成！"

吴广认为陈胜的这个计划切实可行，两人商量了下，找了一个算命的先生占卜。算命先生知道陈胜、吴广的来意，对他俩说："你们想做的事情一定能如愿，可以建立不朽之功。不过，你们还需要将计划告诉神灵，看看神灵怎么说。"

听了算命先生的话，陈胜、吴广茅塞顿开。陈胜说："算命先生的意思是让我们借助神灵，在百姓中树立威信。"

于是，陈胜、吴广二人展开了行动。他们用红笔在一块白色绸布上写了"陈胜王"三个字，将其塞到渔民捕来的一条鱼的肚子里，再将这条鱼混在其他鱼当中。

有个士卒将这条鱼买回来准备烹调，发现了鱼肚子里的白绸布，觉得非常神奇，便告诉了他人，此事迅速在九百人中引起轰动。

就在当天夜间，陈胜又让吴广偷偷躲进了九百人营寨附近的树林，模仿狐狸的声音，大叫："大楚兴，陈胜王。"

正在睡梦中的人们纷纷惊醒，惊恐不安。到了第二天，他们纷纷交头接耳，对着陈胜指指点点，陈胜在众人心目中的形象也变得越来越高大。

吴广一向对大家关心爱护，大家都非常佩服他。他趁着押送队伍的营尉酒醉时，故意当众扬言要逃走。营尉大怒，用鞭子抽打吴广，将吴广打得皮开肉绽。

此后，营尉仍不解气，又拔出佩剑想杀掉吴广。吴广眼疾手快，夺过佩剑将营尉杀死。陈胜

也赶来协助，又杀死了另外两名营尉。

陈胜、吴广召集众人，对大家说："我们被大雨耽搁，不能在限期内赶到渔阳，按律当诛。即便朝廷网开一面，不处死我们，戍边而死的人也有十分之七，活下来的希望非常渺茫。大丈夫即使是死，也要死得轰轰烈烈。那些王侯将相难道都是天生的吗？"

众人异口同声地回答："我们愿意听从您的命令！"

于是，陈胜、吴广等人假借公子扶苏和楚国将军项燕的名义发动起义。众人都露出右臂作为标志，称号为"大楚"，他们又筑起了高台宣誓，用营尉的头颅祭告天地。陈胜自立为将军，吴广为都尉。

反抗秦朝暴政的起义由此爆发。

画外音：陈胜造反，其实并非陈胜很早就有鸿鹄之志，而是秦国的暴政引发了包括陈胜在内的秦国百姓的强烈愤怒，不反抗就难以保住性命。

【**原著精摘**】

陈胜、吴广乃谋曰："今亡①亦死，举大计亦死；等死，死国可乎？"陈胜曰："天下苦秦久矣。吾闻二世少子也，不当立，当立者乃公子扶苏。扶苏以数谏故，上使外将兵。今或闻无罪，二世杀之。百姓多闻其贤，未知其死也。项燕为楚将，数有功，爱士卒，楚人怜之。或以为死，或以为亡①。今诚以吾众诈自称公子扶苏、项燕，为天下唱②，宜多应者。"吴广以为然。

【注释】

① 亡：逃跑。

② 唱：通"倡"，倡导，发端。

【译文】

陈胜与吴广一起商量说："如今逃跑被抓是死，发动起义也是死，同样是死，为国事而死好不好？"陈胜说："天下的百姓遭受秦朝的压迫已经很久了。我听说秦二世是小儿子，不应该被立为皇帝，应该立的是公子扶苏。扶苏因为多次劝谏，皇帝派他在外领兵。听说他并没有什么罪，秦二世却杀了他。老百姓都听说他非常贤明，而不知道他死了。项燕是楚国名将，多次立下战功，爱护士兵，楚国人很爱戴他。有人认为他死了，有人认为他逃跑了。现在如果把我们假称是公子扶苏和楚将项燕的队伍，号召天下百姓反秦，一定会有很多响应的人。"吴广认为他讲得很对。

功亏一篑：人一多想法也多

带着问题读《史记》

陈胜起义为何会失败？

◎ 起义烽烟波及全国

陈胜、吴广宣布起义，立即向大泽乡发动攻击，接着又猛攻蕲（qí）县。拿下蕲县后，陈胜又派符离人葛婴率部去攻占蕲县以东地区。

百姓听说终于有人站出来反抗秦朝的残暴统治，非常兴奋，纷纷加入了陈胜、吴广的军队。陈胜的大军到了陈县城外，起义军已经拥有战车六七百辆，骑兵一千多人，步兵数万人，实力得到了迅猛发展。

随后，起义军向陈县展开攻势，郡守与县令都不在城中，只有留守该城的郡丞负隅顽抗，但很快便被打死，起义军随即占领了陈县。

陈胜等人进了城，召集城中长老和地方豪强一起议事。众人一致表示："将军您身披铠甲，手持兵器，讨伐残暴无道的秦朝，重建楚国，应该及早称王。"

在众人的鼓动下，陈胜在陈县自立为王，国号"张楚"。

陈胜、吴广的揭竿而起，在秦朝全国范围内引起巨大轰动。不少郡县百姓纷纷杀死当地官吏，起兵响应陈胜。各地起义不断，单单在楚地拥有数千人马的起义军已是不计其数。

◉ 人一多，想法也就多了

为了支援各地的起义军，陈胜任命吴广为代理王，统率军队向西进攻秦朝重镇荥阳，歼灭该地的秦军主力；命周文为将军，率部绕过荥阳，直取秦朝都城咸阳；令武臣、张耳、陈余等人率三千兵马进攻赵地；令邓宗向九江郡发动进攻；派周市攻取魏国地区；派召平攻取广陵一带。

战事展开后，各路大军进展顺利。吴广开始围攻荥阳。驻守该地的是秦朝丞相李斯的儿子李由，吴广久攻不下。陈胜便召集众人商议对策，最终决定由上蔡人蔡赐做了上柱国（官名）。

陈胜的部下周文，原本是陈县的一位贤士，曾经在项燕和春申君手下担任过官职。他自称懂得用兵之道，陈胜便任命他为将军，率部向西攻打秦国。周文在进军途中招兵买马，部众很快达到几十万人，声势浩大。

不过，正在陈胜满以为周文必将取得抗秦决定性胜利的时候，秦二世派遣少府章邯率部将周文赶出了函谷关。在随后进行的战斗中，章邯先后在曹阳、渑池重创周文，周文兵败自杀。

周文的惨败并没有对其他战线带来太大的影响。武臣、张耳、陈余所部在百姓的支持下很快便攻下三十多座城池，军队规模也发展到数万人，并于八月进入邯郸。

不过，就在起义军拿下邯郸之后，张耳、陈余二人极力鼓动武臣，希望他能自立为王。于是，武臣自立为赵王，并任命陈余担任大将军，以张耳、召骚为左、右丞相。陈胜闻之大怒，将武臣等人的家属囚禁，准备将他们全部杀死。

此时，蔡赐出面劝阻。他对陈胜说："秦朝还没有灭亡，您就杀了赵王及其部下的家属，这就等于又制造出一个秦朝与您为敌。还不如顺势册封武臣为赵王以稳定人心。"

于是，陈胜改变了主意，命人前往邯郸祝贺武臣，却又继续将武臣等人的家属软禁起来，又册封张耳的儿子张敖为成都君，让他前往邯郸催促武臣进军函谷关。

武臣召集文武进行商议，部下们说："让你在赵国称王，这并非陈胜的本意。等他消灭了秦朝，必将对我们用兵。因此，我们最佳的应对策略不是听从陈胜的指挥向函谷关进军，而是应该向北进攻燕地以扩展我们的疆域，壮大实力。这样的话，我们南面扼守黄河，北面又有燕、代这样辽阔的地盘。到那时，即便陈胜消灭了秦朝，也只能对我们客客气气。如果他打不过秦朝，就会更加倚重我们。这样一来，我们可以利用秦朝，等陈胜精疲力竭之时称雄于天下！"

武臣认为这个建议很有道理，便不听从陈胜向西进军的号令，而是派遣以前在上谷郡担任过小吏的韩广率军向燕国故地发动进攻。

不过，就在韩广在燕国故地征战的时候，以前燕国的贵族和当地的豪强纷纷劝说韩广："陈胜和武臣都已自立为王。燕国的疆域虽然狭窄，但过去也是拥有过一万辆战车的强国。希望将军也能仿效陈胜和武臣自立为王。"

韩广摇摇头说："不行啊！我的母亲还在赵王武臣手里呢。"

这些人又劝韩广说："赵王西面担心秦朝，南面担心陈胜，他没有力量来阻止您，况且以陈胜那样强大的实力都不敢加害赵王的亲属，力量薄弱的赵王又怎么敢加害您的家属呢？"

最终，韩广被打动，在燕地自立为王。过了几个月，赵王武臣果然将韩广的母亲和家属都送到燕地。

陈胜派出的将领葛婴攻占了东城，拥立襄强为楚王。后来葛婴听说陈胜在陈县称王，连忙杀死襄强，亲自回来向陈胜解释。不过，陈胜对葛婴私自拥立他人为王非常不满，下令将葛婴处死。

经过数月的战事，各地起义的队伍越来越多，虽说这些队伍都声称听从陈胜、吴广的号令，但实际上却与陈胜渐行渐远，起义军的力量也由此逐渐分散。

危机很快爆发了。

◎ 陈胜、吴广先后被害

不久之后，周市奉命北上进军狄县，当地人田儋杀了狄县的

县令，自立为齐王，并在齐地起兵攻打周市。

经过一番交战，周市兵败，被迫退到了魏地。此后，他又打起了立前魏国宗室宁陵君咎为魏王的主意，但此时宁陵君咎尚在陈胜军中，无法来到魏地，周市只得作罢。

等到周市平定魏地，很多人想拥立周市为魏王，周市坚决不同意。于是，当地人只好派使者去求见陈胜。使者去了五次，终于说服了陈胜，陈胜答应立宁陵君咎为魏王，并将其送回魏国。最终，周市在魏王手下担任了丞相。

将领们各自为政，起义军内部形势越来越混乱。吴广手下的将军田臧就对心腹表示："周文的军队已被秦朝击败，用不了多久，秦军就会来到荥阳一带。我们围困荥阳久攻不下，兵力消耗巨大。等秦军一到，我们将难以招架。我们不如留下少量军队包围荥阳，集中主力对付秦军。吴广不懂得兵法，如果不杀了他，我们的计划将难以实施。"

经过商议，田臧假借陈胜的命令杀死了吴广，并将吴广的头颅献给了陈胜。陈胜无可奈何，只得派人任命田臧为上将军，让他继续与秦军决战。

随后，田臧命部将李归继续围攻荥阳城，自己率主力来到敖仓，与秦军展开决战。田臧死于乱军之中，大军群龙无首，伤亡惨重。章邯长驱直入，在荥阳附近与李归交战。最终，李归战死，起义军全军覆没。

章邯歼灭了田臧，又先后向起义军将领邓说驻扎的郏（jiá）

城及伍徐驻扎的许城发动进攻。两人打不过强悍的秦军，落荒而逃。陈胜因此杀了邓说。但经过这两次战斗，陈胜大军的主力遭遇重创，实力大大削弱。

两战过后，秦军士气高涨，又向陈县发动攻击，上柱国蔡赐阵亡。后来，章邯进军攻打陈县西部的张贺所部。陈胜亲自前来督战，但仍难挽败局，张贺阵亡，陈胜只得撤往汝阴，随后又撤到了下城父。这时，陈胜的车夫庄贾将陈胜杀死，投降了秦军。

不过，反抗秦朝的起义并没有因为陈胜、吴广的死而结束。他所册封的王侯将相们最终灭了秦朝。汉朝立国后，汉高祖刘邦还专门派了三十户人家去芒砀山看守陈胜的墓地，以纪念这位带头造反的英雄。

◉ 英雄怕见老街坊

陈胜从称王到被杀，前后时间一共是六个月。他称王之后，定都在陈县。不久后，当年与他一起在阳城种地的一个同伴听到消息，便来到陈县求见陈胜。他在陈胜的王宫门前大喊："我要见陈胜！"

守卫王宫的士卒见这人粗俗无礼，打算将他绑起来治罪。经他反复申辩，士卒才放过了他，但却不肯为他通报。

这人越想越气，就在陈县的要道上拦住了陈胜的车队，高喊陈胜的名字。陈胜听到喊声，下车与他见面，并将其带回了宫中。

看到富丽堂皇的王宫，这人非常惊讶，对陈胜的成功感叹不已。

后来，他多次到宫中与陈胜见面，说话也越来越放肆随便，还经常与其他人讲起陈胜的往事。

有人劝陈胜说："您的这个客人愚昧无知，整天胡说八道，有损您的威信。"

于是，陈胜下令将这人杀死。这个消息一传开，不少陈胜的故旧知己纷纷离开了他，没有一个人再敢接近陈胜。

陈胜又任命朱房为中正，胡武为司过，专门负责探察部下的过失。派往各地与秦军作战的将领回到陈县复命时，只要所做的事情与陈胜的命令不符，就会被朱房和胡武抓起来治罪。

朱房和胡武为了稳固自己的地位，对于自己不喜欢的人毫不手软。一旦他们出现小小的错失，二人都会直接审问，随意定罪。但即便如此，陈胜对他们依然非常信任。将领们因此不再接近陈胜，萌生了拥兵自重、自立为王的念头并付诸实施，这便是陈胜最终

失败的根本原因。

画外音：陈胜的失败，主要原因在于他亲近小人而打压部下，造成起义军内部离心离德，最终导致了被杀的悲惨结局。

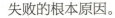 陈胜为何能颠覆秦朝的统治

西汉文学家贾谊曾经就秦朝的灭亡写过一篇文章，其中谈到了秦朝的灭亡与陈胜之间的关系。他是这样说的：

"陈胜不过是一个用破瓮作窗户、用草绳拴门轴的穷人，他做过雇农、做过征夫，其才能连一个中等人都比不上，既没有孔子、墨子那样的贤德，也没有陶朱、猗顿那样的财富。他带着几百个疲惫散乱的戍卒，揭竿而起，就敢对抗强大的秦朝，而天下人都像云一样聚集响应，最终灭掉了秦朝。究其缘由，并非陈胜有多么的强大，而是秦朝不施仁政的结果。"

【原著精摘】

陈胜王凡六月①。已为王，王陈②。其故人尝与庸耕者闻之，之陈，扣宫门③曰："吾欲见涉。"宫门令欲缚之。自辩数④，乃置⑤，不肯为通。陈王出，遮道⑥而呼涉。陈王闻之，乃召见，载与俱归。入宫，见殿屋帷帐，客曰："夥颐！涉之为王沈沈⑦者！"楚人谓多为夥，故天下传之，"夥涉为王⑧"，由陈涉始。

客出入愈益发舒⑨，言陈王故情。或说陈王曰："客愚无知，颛妄言⑩，轻威。"陈王斩之。诸陈王故人皆自引去，由是无亲陈王者。

陈王以朱房为中正，胡武为司过，主司群臣。诸将徇地，至，令之不是者，系而罪之，以苛察为忠。其所不善者，弗下吏，辄自治之。陈王信用之。诸将以其故不亲附，此其所以败也。

【注 释】

①王凡六月：称王共六个月。

②王陈：定都陈县。

③扣宫门：敲打宫门。

④辩数：分辩诉说。

⑤置：放开。

⑥遮道：拦住道路。

⑦沈沈：指宫殿高大深邃、富丽堂皇。

⑧夥涉为王：形容地位很低的人一朝得志就变得非常神气。

⑨发舒：放肆，随便。

⑩颛：通"专"；妄言：胡说。

【译 文】

陈胜从自立为王直到被杀，前后一共六个月。他称王之后，定都陈县。有一位曾经与陈胜一起耕田的同伴听说他做了王，便来到陈县，敲着宫门高喊："我要见陈胜！"把守宫门的士卒要将他捆绑起来。他反复辩解，士卒才放开他，但不肯为他通报。等陈胜离开王宫时，他拦在路上高喊陈胜的名字。陈胜听到后才召见他，与他乘同一辆马车回宫。走进宫殿，看见殿堂房屋、帷幕帐帘后，同伴说："夥颐！陈胜的宫殿真是高大深邃啊！"楚地人把"多"叫作"夥"，这一说法后来广为流传。"夥涉为王"，就是从陈胜开始的。

同伴在宫中出入越来越随便放肆，常常跟人谈及陈涉从前的旧事。有人对陈胜说："您的同伴愚昧无知，专门胡说八道，有损您的威严。"陈胜就把同伴杀死。从此以后，陈胜的故旧知交纷纷离去，再也没人敢亲近陈胜。

陈胜任命朱房为中正，胡武为司过，监察群臣的过失。外出征战的将领们回到陈县后，只要对陈胜的命令稍有不从，便抓起来治罪，苛刻寻求群臣的过失作为对陈胜的忠心。凡是二人不喜欢的人，一旦有错，不交给负责司法的官吏审理，擅自予以惩治。陈胜却非常信任他们。将领们因此不再亲近、依附陈胜。这就是陈胜失败的原因。

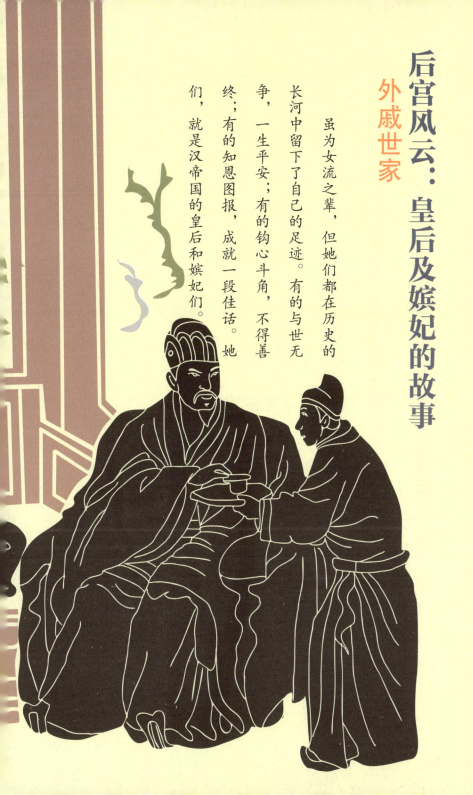

后宫风云：皇后及嫔妃的故事

外戚世家

虽为女流之辈，但她们都在历史的长河中留下了自己的足迹。有的与世无争，一生平安；有的钩心斗角，不得善终；有的知恩图报，成就一段佳话。她们，就是汉帝国的皇后和嫔妃们。

长居深宫：被冷落也能保命

带着问题读《史记》

薄姬为何能躲过吕后的毒手？

如果富贵了，不要忘记彼此

薄太后，别称薄姬，吴郡人，她的父亲薄氏在秦朝时曾与六国时期魏国王室家族中一名姓魏的女子私通，后者生下了薄姬。后来薄姬的父亲死在了山阴，就葬在了那里。

秦朝末年，原魏国的贵族魏豹与哥哥魏咎一起跟随陈胜、吴广起兵，夺取了原魏国旧地的二十多座城池，后来被西楚霸王项羽封为西魏王。随后，他与高祖刘邦一起进入关中灭掉了秦朝。

也就在这个时候，薄姬的母亲将女儿送进了魏宫，成了魏豹的妾室。当时，著名的女相师许负曾经为薄姬看相，并断言薄姬日后生下的儿子必将成为皇帝。

楚汉争雄时期，刘邦与项羽在荥阳一带爆发激战。魏豹认为刘邦实力薄弱，不是项羽的对手，便背叛刘邦与项羽联合，结果刘邦派遣韩信、曹参、灌婴等人率领十万大军进攻，魏豹兵败被杀，薄姬也因此被送到了刘邦宫中的织布房做工。

有一次，刘邦路过织布房，看到年轻貌美的薄姬，下诏将她纳入后宫，但对薄姬非常冷淡，薄姬一年多都得不到刘邦的宠幸。

薄姬有两个儿时的朋友——管夫人和赵子儿。当年她们曾经约定，谁先富贵了，都不要忘了帮助其他两人。后来管夫人和赵子儿都成了刘邦的妾室，颇受宠幸。

一次，两人故意在刘邦面前夸赞薄姬，并将当年的约定告诉了刘邦。刘邦听了非常感慨，当天便召见了薄姬并让她侍寝。

第二天早上，薄姬对刘邦说："昨天晚上我梦见了苍龙盘踞在我的肚子上。"刘邦笑着回答："这是富贵的象征，让我来成全你吧。"

十个月后，薄姬生下了一名男婴，被刘邦取名为刘恒。刘恒八岁时，被刘邦封为代王。但从那以后，刘邦对薄姬的感情越来越淡，几乎从来不去薄姬的寝宫。

◎ 遭受冷落，却因祸得福

刘邦的皇后吕雉为人阴险歹毒，对于曾经被丈夫刘邦宠幸的妻妾们恨之入骨。刘邦病逝后，吕后大肆报复，将这些人纷纷打入冷宫，刘邦的爱妾戚夫人甚至被做成了人彘。

不过，薄姬却因为不被刘邦宠幸而因祸得福，得以离开皇宫，与儿子刘恒一起生活在代国，成了代国的太后。

公元前 180 年，吕后病逝，其家族成员控制朝政，企图改朝换代。太尉周勃、丞相陈平等人密谋，由周勃率人抢先动手，斩杀吕禄、吕产、吕更始等人，将吕氏家族一网打尽。

随后，朝臣们商议试图推举皇帝，众人都对吕氏的专权心有余悸。有不少大臣认为，代王刘恒的母亲薄姬为人仁慈忠厚，且代王又是高祖的亲生儿子，在现存的王子中年纪最大，应该立刘恒为帝。最终，刘恒被立为皇帝，也就是汉文帝。后来薄姬被尊奉为皇太后。

薄太后性格随和，很少干预朝政。但数年后的一次冤案却使得她勃然大怒，生平第一次对儿子的执政非常不满。

事情是因周勃遭人诬陷入狱引发的。当时，周勃受到汉文帝的猜忌，有人趁机诬陷周勃企图谋反，汉文帝便将周勃逮捕审讯。周勃秘密派人向薄太后的弟弟薄昭求救，薄昭随即将这个消息告诉了薄太后。

对于周勃这位战功卓著并辅佐儿子登基的有功之臣，薄太后非常了解，她不相信周勃会谋反，便将汉文帝召到自己的寝宫，气得用头巾扔向儿子，高声呵斥道："周勃以前是高祖的重臣，手握重兵，那时他都没有谋反。如今他年事已高，又辞职住在一个小县城里，这样还会谋反吗？！"

薄太后的暴怒终于令汉文帝改变了对周勃的态度。不久之后，周勃被释放。

到了公元前 155 年，薄太后因病去世，葬在南陵。

◎ 阴差阳错，成了皇后

汉文帝刘恒的皇后姓窦，是清河观津人，出生在一个普通农户家庭。

高祖刘邦病逝后，皇太后吕雉控制朝政。也就在这个时候，窦氏被选入宫成了宫女，负责侍奉吕后。后来，吕氏决定将宫女分别赐给各诸侯王为妾室，窦氏便在其中。

窦氏的家乡清河地区，离赵国很近。窦氏便央求负责遣送的官吏将自己放在前往赵国的队伍当中。但官吏却忘记了这事，误将她安排在前往代国的名单中，随后又将名单上报给吕后，并得到了吕后的批准。

当窦氏得知自己被安排前往代国时，对官吏的疏忽非常气愤，失声痛哭，坚决不肯去代国。官吏只好威逼胁迫，最终总算勉强说服了窦氏。

等窦氏哭丧着脸来到代国，事情又发生了令人意想不到的变化。代王刘恒对窦氏情有独钟，窦氏也成了代王宠幸的妾室。随后数年间，窦氏为刘恒生下了一个女儿和两个儿子。女儿名叫刘嫖，儿子则分别叫作刘启和刘武。

公元前 180 年，周勃等人诛杀控制朝政的吕氏家族，拥立代王刘恒为帝，窦氏所生之子刘启被封为太子，次子刘武被封为代王（后来改封为梁王），女儿刘嫖被封为长公主。

刘恒在担任代王时王后早逝，他一直没有册封王后，当他

就任皇帝时也就没有皇后。这时，刘恒的母亲薄太后向儿子提出应该立太子的母亲为皇后，得到汉文帝的同意。不久之后，窦氏变成了汉文帝的皇后。

溺爱幼子，酿成大祸

窦氏成为皇后数年后，因为一场大病双目失明，从此失去了汉文帝的宠幸。在此期间，窦氏对黄老学说产生了浓厚的兴趣。她专门派人找来了精通黄老学说的士人进行讲解。在窦氏的影响下，后宫的嫔妃和她们的儿女都通晓黄老学说，信奉道家思想。

公元前 157 年，汉文帝刘恒病逝，太子刘启登基，也就是汉景帝，窦氏被封为皇太后。

窦氏非常喜欢自己的幼子刘武，多次在汉景帝面前暗示让刘武成为汉景帝的继承人。此举令朝中大臣不满，多次用高祖刘邦定下的立嗣制度向窦氏解释，同时也引发梁王刘武对帝位的觊觎，他后来甚至因为没有被汉景帝立为继承人而心怀不满，先后暗害了几位反对将他立为继承人的朝臣。最终刘武被汉景帝冷落，郁郁而终。对此，窦氏非常伤心。

公元前 135 年，窦氏因病去世。

姑嫂相争，争储失败

汉景帝刘启最为宠信的妃子名叫栗姬。她是齐国人，为刘启生下了三个儿子，分别叫作刘荣、刘德和刘阏（è）于。

汉景帝刘启登基时，皇后是薄太后的族人薄氏。不过，薄氏的婚姻非常不幸，不仅得不到汉景帝的宠幸，也没有为其生下一男半女。后来薄太后病逝，薄皇后也立即失势，被汉景帝罢黜。栗姬虽然没有被册封为皇后，但因其子刘荣被封为太子而成为后宫中最有实力的嫔妃。

汉景帝的姐姐名叫刘嫖，不仅在朝中有很大的影响力，就连汉景帝身边的不少嫔妃都是通过她的关系而得宠的，刘嫖深得汉景帝的信任。

刘嫖想将自己的女儿许配给太子刘荣为妻，却遭到了栗姬的强烈反对，栗姬嫉妒刘嫖在汉景帝心中的地位高于自己，不想让她再影响自己的儿子。因此，栗姬拒绝了这门亲事，姑嫂之间的矛盾日益加深。

此后，刘嫖又想将自己的女儿许配给汉景帝另外一位嫔妃王夫人的儿子，王夫人一口答应。从此，刘嫖对栗姬愈发不满。她对汉景帝说："栗姬与您宠爱的夫人、妃子聚会时，经常让侍者在她们背后进行诅咒，施展巫术害人。"

汉景帝信以为真，对栗姬的态度日益冷淡。

有一次，汉景帝因为患病，心情非常不好，便将所有被封王的儿子叫来，当着栗姬的面说："我死后，你要好好照顾他们。"

谁知栗姬听完却非常生气，不但没有答应，反而出言不逊。此举令汉景帝非常恼怒，心生怨恨，只不过没有当众发怒。

汉景帝对栗姬的冷落令刘嫖和王夫人都看到了扳倒栗姬的

希望。从此以后，刘嫖经常在汉景帝面前夸赞王夫人，汉景帝对王夫人的印象越来越好。加上王夫人的儿子刘彻深得汉景帝喜爱，汉景帝慢慢萌发了改立刘彻为太子的念头。

王夫人知道汉景帝怨恨栗姬，便趁着汉景帝还没有决定改立太子之际，故意暗中怂恿大臣向汉景帝建议立栗姬为皇后。

有一天，负责礼仪典章的大行官对景帝说："俗话说母凭子贵。如今太子的母亲还没有封号，应该立她为皇后。"

汉景帝听罢，非常生气，说道："这也是你应该说的话吗？"

于是他把这个大行官杀掉了，没过几天又下诏废太子刘荣为临江王。

听到这个消息后，栗姬万念俱灰，不久后便郁郁而终。

> **画外音：** 吕后残害刘邦的嫔妃，薄姬能躲过这场灾难，关键在于两点：一是薄姬性格随和，行事低调，从来没有得罪过吕后；二是刘邦很早就将薄姬打入冷宫，薄姬对吕后毫无威胁。

【原著精摘】

高祖崩，诸御幸姬戚夫人之属，吕太后怒，皆幽之①，不得出宫。而薄姬以希见故，得出，从子之代，为代王太后。太后弟薄昭从如②代。

【注释】

①幽：囚禁。

②如：到。

【译文】

高祖刘邦去世后，对于那些曾经受到刘邦宠幸的如戚夫人这样的嫔妃，吕太后非常愤怒，将她们全部囚禁起来，不准其出宫。而薄姬则因为很少见高祖的缘故，得以出宫，跟随儿子来到代国，成为代国太后。太后的弟弟薄昭也跟着到了代国。

阴差阳错：遭忌恨却成皇后

带着问题读《史记》

卫子夫为何会成为皇后？

◎ 出身卑微，一哭改变命运

汉武帝的皇后卫子夫是河东平阳人，出身卑微。她的母亲名叫卫媪，是平阳侯府中的一名女奴，丈夫姓卫。

卫子夫少年时期便被母亲送到了平阳侯府学习歌舞，成了汉武帝姐姐平阳公主手下的一名歌女。此时，汉景帝刘启刚刚去世，继任者是年轻的汉武帝刘彻。

刘彻继位数年，一直没有孩子，为此他非常着急。平阳公主得知这个消息后，便物色了十几名良家女子，悉心照顾，严格训练，准备将她们送给汉武帝。

公元前139年，汉武帝前往灞上祭祖，回宫之前来到了平阳公主家中。平阳公主便让这十几名女子来见汉武帝，但汉武帝却一个都没有看中。

随后，平阳公主又设宴招待汉武帝。在此期间，安排女子进行了歌舞表演。就在这时候，汉武帝一眼就看中了卫子夫，并在自己的衣车中宠幸了卫子夫。平阳公主见状，心头大喜，趁机请求汉武帝将卫子夫带进皇宫，汉武帝一口答应。

卫子夫随汉武帝离开平阳侯府前往皇宫，不禁潸然泪下。平阳公主拍着卫子夫的肩膀安慰道："去吧，多吃点饭，保重身体，日后成了贵人，不要忘了我。"就这样，卫子夫成了汉武帝的嫔妃。

不过，在接下来的一年多时间里，汉武帝似乎忘记了卫子夫的存在，从来也没有来过卫子夫的寝宫。后来，因为宫中嫔妃众多，汉武帝想将那些不受宠幸的嫔妃挑选出来，遣散出宫，卫子夫这才有机会再次见到汉武帝。

当卫子夫看到汉武帝时，放声痛哭，竭力要求汉武帝将自己送回平阳侯府。汉武帝被卫子夫的哭声所感动，不但没有将她送走，对卫子夫的态度还有了很大的变化，当晚便住在卫子夫的寝宫里。出乎意料的是，卫子夫竟然有了身孕。

从此，汉武帝对卫子夫非常宠信，又下诏让卫子夫的哥哥卫长君、弟弟卫青（卫青是卫子夫同母异父的弟弟）担任侍中。卫家从此成了显贵。

后来，卫子夫为汉武帝生下了三个女儿。到了公元前128年，卫子夫生下了一个儿子，取名为刘据，这也是汉武帝的第一个儿子。汉武帝非常高兴，对卫子夫愈发宠爱。

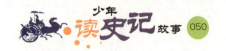
◎ 遭人妒忌，却成了皇后

卫子夫得宠，汉武帝的皇后陈阿娇非常愤怒。陈皇后是长公主刘嫖的女儿，自幼骄横。加上当初刘彻继位，长公主发挥过巨大作用，因此陈皇后仗着有母亲撑腰，日渐骄纵。汉武帝对此非常不满，对陈皇后日趋冷淡。

汉武帝对卫子夫的宠幸让陈皇后非常生气，她多次在汉武帝面前叫骂。皇后的母亲刘嫖听说此事，也非常怨恨卫子夫，暗中让他人将卫青逮捕，企图加害。这事后来被汉武帝察觉，救了卫青，对陈皇后更加厌恶。

不久后，陈皇后让女巫在宫中施以巫术，诅咒汉武帝和卫子夫。此事很快被查获。汉武帝一怒之下，罢黜了陈皇后。到了公元前128 年，汉武帝下诏，册封卫子夫为皇后，其子刘据也于公元前122 年被册封为太子。

> **画外音**：卫子夫出身卑贱，并无成为皇后的野心，她之所以成为皇后，是因为陈皇后生性妒忌，暗害卫子夫。卫子夫反而因祸得福。

◎ 满门显贵，真心报恩

卫子夫成为皇后，卫家也成了当时的显贵。卫青受到汉武帝的器重，成了汉军的高级将领，官至大司马、大将军，被封为长平侯，卫青的三个儿子在很小的时候也被封为列侯。卫子夫姐姐的儿子霍去病后来也得到汉武帝的器重，被封为冠军侯。卫家一共有五人被封为列侯，名震天下，以至于民间流传了这样一首歌："生了儿子别高兴，生了女儿别发愁，难道你没看见卫子夫称霸天下吗？"

就在卫子夫极尽恩宠之际，她的恩人平阳公主的日子却很不好过，丈夫因病去世，她成了寡妇。

按照当时的规矩，平阳公主如果要再婚，一定要在列侯中选择。平阳公主问："京城长安里有哪些列侯可供选择？"众人都说大将军卫青最为合适。

平阳公主笑着说："卫青当年可是我府中的下人，我还经常让他作为护卫陪我出入，地位相差悬殊，怎么可以选他做丈夫呢？"

众人回答说："如今卫青的姐姐是皇后，他成了大将军，三个儿子也被封侯，名震天下，公主怎么还能再小瞧他呢？"

在众人的劝说下，平阳公主终于点头答应。随后，她将自己的决定告诉卫子夫。卫子夫非常高兴，又告诉了汉武帝，极力促成这门亲事。汉武帝随即下诏，让卫青与平阳公主成亲。

画外音：平阳公主与卫青成为夫妻，卫子夫发挥了很大的作用。她的目的很明确，为了报答当年平阳公主之恩。

【原著精摘】

卫皇后字子夫，生微①矣。盖其家号曰卫氏②，出平阳侯邑。子夫为平阳主讴者③。武帝初即位，数岁无子。平阳主求诸良家子女十余人，饰置家。武帝祓灞上④还，因过平阳主⑤。主见⑥所侍美人，上弗说⑦。既饮，讴者进，上望见，独说卫子夫。是日，武帝起更衣，子夫侍尚衣轩中，得幸。上还坐，欢甚，赐平阳主金千斤。主因奏子夫奉送入宫。

子夫上车，平阳主拊⑧其背曰："行矣，强饭⑨，勉之！即贵，无相忘。"入宫岁余，竟不复幸。武帝择宫人不中用者，斥出归之。卫子夫得见，涕泣请出。上怜之，复幸，遂有身⑩，尊宠日隆。召其兄卫长君、弟青为侍中。而子夫后大幸，有宠，凡生三女一男。男名据。

【注释】

①微：卑微，卑贱。

②号曰卫氏：自称是姓卫。

③讴者：歌姬。

④祓灞上：到灞水边上去祭祀。

⑤平阳主：即平阳公主，武帝之姐。因其夫为平阳侯，故称平阳公主。

⑥见：使……拜见。

⑦弗说：不高兴，看不上。说，通"悦"。

⑧拊：抚摸。

⑨强饭：多吃点饭。

⑩有身：有了身孕。

【译文】

　　卫皇后字子夫，出身卑贱。家里人自称姓卫，生在平阳侯的府中。卫子夫曾经是平阳公主的歌姬。汉武帝即位以后，几年都没有生下儿子。平阳公主挑选了十几个良家女子，打扮好留在家里。汉武帝在灞上参加祭祀回来，顺便到了平阳公主家中。平阳公主让那些良家女子都出来见汉武帝，汉武帝都不喜欢，一个都没看上。酒宴之后，歌姬进来表演，汉武帝一眼看去，唯独喜欢卫子夫。汉武帝起身更衣，卫子夫在一旁伺候，就在皇帝的衣车里得到汉武帝的宠幸。汉武帝回到座位后，特别高兴，赐给平阳公主黄金千斤。公主趁机请求汉武帝让卫子夫入宫。

　　卫子夫上车后，平阳公主抚摸着她的后背说："去吧，好好吃饭，好自为之！如果尊贵了，别把我忘记了。"卫子夫入宫一年多时间，竟然没有得到汉武帝的宠幸。后来汉武帝打算把不中用的宫人挑出来，让她们出宫回家。卫子夫因而再次见到汉武帝，她哭着请求出宫。皇上非常同情她，再次宠幸，结果有了身孕。汉武帝对她的宠爱一天胜过一天。汉武帝又召见她的哥哥卫长君和弟弟卫青，任命他们为侍中。卫子夫此后大受汉武帝宠爱，共生了三个女儿和一个儿子。儿子名叫刘据。

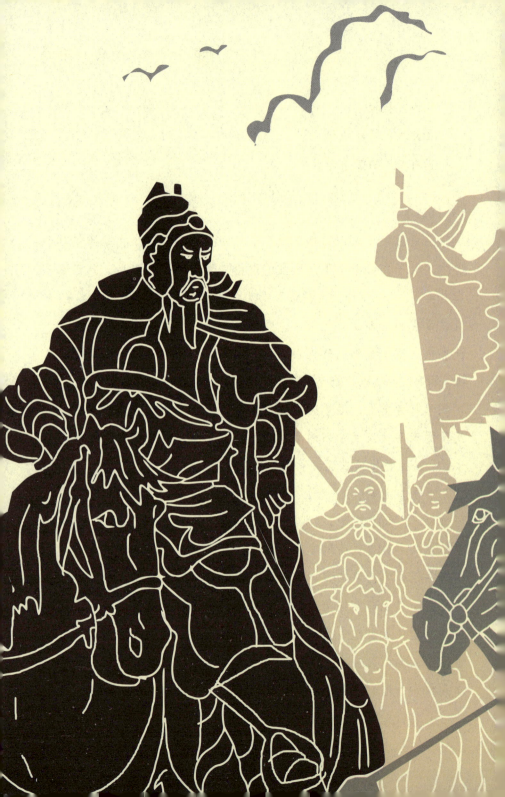

功亏一篑：刘肥父子的故事

齐悼惠王世家

富甲一方、地位显赫的汉室宗族，却因为觊觎帝位而变得居心叵测。高调、低调、密谋、起兵，全都是为了自己。只可惜他们生不逢时，最终只能以悲剧收场。

富甲一方：稍不留神性命忧

带着问题读《史记》

刘肥是如何躲过吕后暗害的？

◎ 身为皇子，却差点丢了性命

刘肥是高祖刘邦的长子，刘肥的母亲姓曹，尽管跟随刘邦的时间早于后来的皇后吕雉，却因为只是情妇的身份，无名无分，所以，刘邦建立汉朝后，刘肥自然也就失去了皇位的继承权。

不过，刘邦对刘肥这个长子还是非常照顾和体贴的。公元前201年，刘邦将刘肥封为齐王，下令汉帝国内凡是能说齐国语言的百姓，都划归齐国。因此，刘肥所在的齐国不仅拥有七十座城池，而且拥有众多的子民。他成了刘邦八个儿子中实力最强、家底最丰厚的诸侯王。

除了让刘肥成为汉朝初期第一大封国的诸侯王，刘邦又任命平阳侯曹参担任齐国的相国，辅佐刘肥治理齐国。

刘肥的好日子从刘邦时期一直延续到汉朝的第二任皇帝汉惠

帝时期。公元前195年，高祖刘邦病逝，刘盈登基，也就是汉惠帝。刘盈对待这位同父异母的哥哥也非常关照。

公元前194年，刘肥进京觐见刘盈，刘盈特意下诏不用刘肥行君臣之礼，又以兄弟之礼进行招待，每逢宴席还一定要让刘肥坐在首席。

刘肥对弟弟的关照颇为受用，对刘盈的态度也就越来越随便。不料他的这一举动差点断送了自己的性命。

刘盈的母亲、太后吕雉对刘肥的随便非常生气，起了杀心。在一次宴席期间，吕雉让人准备了两杯毒酒，放在刘肥的面前，同时让刘肥起身敬酒。糊里糊涂的刘肥不知酒里有毒，抬手便拿起了酒杯，准备一饮而尽。

就在此时，身旁的汉惠帝刘盈看到大哥向母亲敬酒，非常高兴，顺手拿起了另外一杯毒酒，也准备向母亲敬酒。吕雉惊恐不已，担心儿子喝下毒酒，惊慌之间立刻打翻了儿子的酒杯，之后拉着儿子转身离去。

刘肥见状，心存疑惑，连忙放下酒杯，礼送太后和皇帝，随即假装酒醉也离开了宴席。

经过一番打听，刘肥这才知道宴席上的酒里有毒，终于明白了吕雉的险恶用心，心里十分慌张。他担心无法从京城长安脱身，整天心惊胆战。

此时，刘肥手下的齐国内史勋看出了刘肥的心思，对他说："吕后生下了一双儿女，分别是当今天子和鲁元公主，她对这两个

孩子很是疼爱。如今儿子贵为天子，吕后自然没有什么可顾虑的，但她的女儿鲁元公主却只有几座城池的食邑。

"大王您拥有齐国的七十多座城池，何不将其中的一个郡献给太后作为供公主住宿和斋戒沐浴的封邑？吕后如果知道了，必定非常高兴，您的杀身之祸或许也就迎刃而解了。"

刘肥听罢，恍然大悟，第二天便将城阳郡献给了吕后，并请求吕后将该郡作为鲁元公主住宿和斋戒沐浴的封邑，还提出要尊奉公主为王太后。

刘肥的这一招果然管用。吕后非常高兴，不但答应了刘肥的请求，还在刘肥位于京城的府第设宴畅饮，之后便开开心心地让刘肥返回了齐国。刘肥悬着的一颗心这才放下了。

从此，刘肥在齐国行事低调，小心谨慎。到了公元前189年，他在齐国病逝，终年六十九岁，他的长子刘襄继承了王位。而就在刘肥病逝的一年后，汉惠帝刘盈也因病去世，汉帝国陷入了动荡之中。

画外音：刘肥之所以触怒吕后，除了没有遵循君臣之礼外，他所控制的齐国也让吕后非常忌惮。故此，吕后想通过暗害刘肥达到控制齐国的目的。幸好刘肥找到了解决问题的办法，通过割地示好麻痹了吕后，最终得以避祸。

【原著精摘】

　　齐王，孝惠帝兄也。孝惠帝二年，齐王入朝，惠帝与齐王燕饮，亢礼①如家人。吕太后怒，且诛齐王。齐王惧不得脱，乃用其内史勋计，献城阳郡，以为鲁元公主汤沐邑②。吕太后喜，乃得辞就国。

【注释】

　　①亢礼：互行平等的礼节。
　　②汤沐邑：指国君、皇后、公主等收取赋税的私邑。

【译文】

　　齐王刘肥是孝惠帝的哥哥。孝惠帝二年，刘肥入京觐见皇帝。惠帝与齐王饮宴时，以兄弟的礼节对待。吕太后大怒，想要诛杀齐王。齐王担心无法回到齐国，便采用他的内史勋的计策，把城阳郡献出作为鲁元公主的汤沐邑。吕太后转怒为喜，齐王才得以归国。

兄弟齐心：平叛乱是为皇位

带着问题读《史记》

刘襄为什么要诛杀诸吕？

◎ 哥哥封地被压缩，弟弟扬威长安城

公元前188年，汉惠帝刘盈病逝，吕后控制朝政，封吕氏子弟为王，汉帝国风云突变，刘氏江山随时都有被吕氏替代的可能。

到了公元前187年，吕后将自己的侄子吕台封为吕王，下令将齐国的济南郡从齐国划出，作为吕台的封地。又过了六年，吕后又册封妹妹吕媭（xū）的女婿刘泽为琅邪王，将齐国的琅邪郡划给了刘泽。

在不断减少刘襄地盘的同时，吕后也不忘对刘襄进行拉拢。公元前186年，刘襄的弟弟刘章前往长安担任宫廷宿卫，后来吕后将刘章封为朱虚侯，将侄子吕禄的女儿嫁给了他。过了四年，吕后又封刘章的弟弟刘兴居为东牟侯，不过却让这哥儿俩都继续留守京城长安担任宿卫，并没有让他们回到齐国。

对于吕后的所作所为，刘襄心中十分清楚，虽然两个弟弟被吕后封侯，但却被吕后所控制，自己的封地又被逐渐划出，看来吕后是对自己再度起了戒心。

此时，刘襄的弟弟刘章年仅二十岁，孔武有力，不仅对吕后减少齐国疆域的行为非常不满，也对刘氏宗室在朝中失去实权而感到愤怒。

在一次宴会上，刘章被吕后任命为监酒官，他称自己是武将的后裔，请求吕后让自己按照军法监酒。随后，他又提出以歌舞助兴，并提出要唱一首耕田歌。

吕后之前一直将刘章当作无知小孩来对待，听到刘章此言，笑着说："你生下来就是王子，哪像你的父亲一样懂得什么是耕田呢？"

刘章一听，心中很不高兴，便对吕后说："我知道什么是耕田。"

吕后见刘章突然认真起来了，也来了兴趣，说道："那你就说给我听听吧。"

刘章随即说道："首先要将地挖得很深，然后要将种子撒得密密的，但又要让禾苗保持稀疏，其他的杂草，要用锄头锄掉。"

吕后一听，知道刘章的确懂耕田，也就不再追问了。

过了一会儿，吕氏家族中有一人喝醉，想离开酒席逃走。刘章立刻追了上去，拔剑将其杀死，随后回来向吕后汇报说："有一个人想逃避喝酒，我已经按照军法把他杀了。"

　　吕后及其他大臣听了刘章的话，都大吃一惊。吕后这才想起之前答应了刘章按照军法去监酒，她心中不快，但又无法发作，便草草结束了酒宴。吕氏家族的其他成员得知此事，都非常惧怕刘章，而不少大臣却因此投靠了刘章，刘氏宗室的威名也因此有所增强。

　　公元前 180 年，吕后病逝。这时，她的侄子吕禄是上将军，吕产是相国，他俩都居住在京城长安，打算召集兵马胁迫大臣，达到改朝换代的目的。

　　吕氏这一举动，很快被刘章发觉。他偷偷派人将消息告诉了哥哥刘襄，希望刘襄出兵西进长安，自己则与弟弟刘兴居做内应，诛杀吕氏，趁机拥立刘襄为帝。

☉ 联络各大诸侯，最终铲除吕氏

　　弟弟刘章派人传来了消息，刘襄心中很是紧张。究竟何去何从呢？刘襄马上与舅父驷钧、郎中令祝午等人密商，最终决定发兵长安，诛灭吕氏。

　　就在这时，齐国相国召平听说刘襄打算起兵，便以保卫齐王安全的名义将王宫团团包围，刘襄等人也被困在宫中，不但无法与外界取得联络，就连生命安全也受到威胁。

　　在这千钧一发之际，中尉魏勃想出了脱困计策。他对召平表示："齐王想出兵西进，但他手中并没有朝廷调兵的符节作为凭证。因此，相国您包围王宫的做法是对的。我希望能替您围住王宫。"

此时的召平并不知道魏勃早已投靠齐王，便将指挥权交给了他。

魏勃掌握了兵权，立即解除了对王宫的包围，又下令将召平的相国府包围。直到这时，召平才发现中了魏勃的计，不禁叹息道："俗话说当断不断，反受其乱，原来真的是这样啊。"随后，召平拔剑自杀。

刘襄被解救，他封驷钧为相国，封魏勃为将军，封祝午为内史，并调动了齐国所有兵马，准备西进长安。

此后，刘襄又派祝午来到了琅邪国。祝午对琅邪王刘泽说："吕氏在京城阴谋作乱，齐王刘襄打算出兵进入关中铲除吕氏。齐王认为自己辈分低，年纪小，不懂得军事，而您是高祖时期的将军，身经百战，因此齐王希望将齐国的军队交给大王您指挥。不过，齐王怕有人作乱，不敢离开齐国，所以派我来请您前往齐国都城临淄，共同商议下一步的行动计划。"

糊涂的琅邪王刘泽并不知道这只是刘襄与祝午商量好的计策，目的是将他骗到齐国，便高高兴兴地与祝午一起来到了临淄。可等他一到临淄，便被刘襄软禁。随后，刘襄又派祝午返回琅邪国，以刘泽的名义控制了琅邪国的军队。

随后，刘襄立即向吕国的济南郡发动进攻。同时，他又写信给各地的诸侯王说："高祖平定天下，分封他的儿子们为诸侯王，

我的父亲被封在齐国。父亲死后，惠帝又派张良来册封我为齐王。

"等到惠帝死后，吕后专权。她年老昏聩，擅自罢黜高祖所立的诸侯王，又杀害了三个赵王，灭了梁国、燕国和赵国，改封吕氏为王，还将齐国分割成了四国。忠臣进言劝阻，但皇帝却被奸臣迷惑。

"如今吕后已死，皇帝年幼，无法治理天下，自然要依靠大臣和诸侯，但吕氏家族控制了朝政，对家族成员加官晋爵，又聚集军队耀武扬威，威逼列侯和忠臣，假传圣旨号令天下，高祖所创下的基业已危在旦夕。今天我率领大军入关，就是为了诛灭那些不应该称王的乱臣贼子。"

至此，刘襄成了反抗吕氏家族的第一人，在全国范围内造成了极大的影响。

> **画外音：**刘襄兄弟首倡诛灭吕氏，除了为稳定刘氏的江山社稷之外，其个人野心也昭然若揭，这也是其后悲剧的根源所在。

诛灭吕氏，却功亏一篑

听说刘襄率部进入关中，相国吕产急忙派大将军灌婴迎击。灌婴进至荥阳，却与心腹商量说："吕氏家族率部驻守关中，打算推翻刘氏自立为帝。如果我现在攻破齐王的大军，那就等于助长了吕氏家族的野心。"

于是，灌婴下令全军停止前进，驻扎荥阳。同时，他暗中派人与刘襄及其他反对吕氏的诸侯王联络，准备与他们联合起来，共同诛灭吕氏。

另一边，刘襄率部向西发动进攻，先是夺取了吕国的济南郡，又将军队部署到齐国西面边境地区，等待时机，准备给吕氏家族以致命一击。

这时，刘襄的弟弟刘章与太尉周勃、丞相陈平等人在京城密谋，最终由周勃及刘章带人发动进攻，先后斩杀吕禄、吕产、吕更始等人，又将吕氏家族一网打尽。至此，吕氏家族被全部消灭。

一场混乱终于结束，朝中大臣商议，不少人认为应该立刘襄为帝。不过，刚刚被刘襄释放并来到长安的琅邪王刘泽和其他几位大臣却提出了不同意见。他们表示："吕后倚仗自己是皇帝的外戚作恶多端，几乎危及社稷。如今齐王刘襄的舅父驷钧为人凶残暴虐，如果立齐王刘襄为帝，等于是重蹈吕后的覆辙。

"代王刘恒的母亲薄氏是个忠厚之人，而且代王又是高祖的亲生儿子，在现存的王子中年纪最大，立他为皇帝名正言顺。我们这些臣子也可高枕无忧了。"

经过一番讨论，大臣们最终决定，拥立代王刘恒为帝。同时，众人又决定派朱虚侯刘章将诸吕被灭的消息通知刘襄，让刘襄收兵返回齐国。

几天后，代王刘恒在严密的保护下来到长安，被拥立为皇帝，即汉文帝。刘襄的皇帝梦最终破灭，只得心情郁闷地回到齐国，并在几个月后郁郁而终。

◎ 心怀不满，一怒起兵作乱

汉文帝继位两年后，立过大功的朱虚侯刘章被晋封为城阳王，他的弟弟、东牟侯刘兴居被封为济北王。汉文帝下诏，将齐国的城阳郡和济北郡从齐国分割出来给这兄弟俩作为封邑。不过，此举却令哥儿俩非常不满。

　　这件事情实乃事出有因。诛灭吕氏家族，刘章的功劳最大。刚刚继位的汉文帝在群臣的力荐下，决定将刘章及刘兴居封王，又答应将赵国的全部国土都赐给刘章，将梁国的全部国土赐予刘兴居。

　　可后来汉文帝听说这哥儿俩之所以如此卖力，是因为想立刘襄为帝，心中不快，便在第二年分封之际，只字不提原本封赏赵国和梁国的承诺，仅仅将两个郡赐给了刘章和刘兴居。

　　刘章和刘兴居对此非常不满，认为这是汉文帝故意借此打压自己。刘章闷闷不乐，两年后郁郁而终。

　　对于汉文帝的行为，刘兴居义愤填膺。公元前177年，匈奴入侵边境，朝廷委派丞相灌婴率军征讨。此时，刘兴居听说汉文帝来到了太原，便在济北郡起兵造反。

　　汉文帝得知刘兴居造反的消息，下令灌婴及其他已经出发的征讨匈奴的大军撤回长安稳定局势，同时又让棘蒲侯柴武领军征讨刘兴居。经过一番较量，刘兴居兵败被俘，最终自杀而死。

【原著精摘】

　　齐王既闻此计，乃与舅父驷钧、郎中令祝午、中尉魏勃阴谋①发兵。齐相召平闻之，乃发卒卫②王宫。魏勃绐③召平曰："王欲发兵，非有汉虎符验也。而相君围王，固善④。勃请

为君将兵卫卫王。"召平信之，乃使魏勃将兵围王宫。勃既将兵，使围相府。召平曰："嗟乎！道家之言'当断不断，反受其乱'，乃是也。"遂自杀。

于是齐王以驷钧为相，魏勃为将军，祝午为内史，悉发国中兵。使祝午东诈琅邪王曰："吕氏作乱，齐王发兵欲西诛之。齐王自以儿子⑤，年少，不习兵革⑥之事，愿举国委大王。大王自高帝将也，习战事。齐王不敢离兵⑦，使臣请大王幸之临菑见齐王计事，并将齐兵以西平关中之乱。"琅邪王信之，以为然，乃驰见齐王。齐王与魏勃等因留琅邪王，而使祝午尽发琅邪国而并将其兵。

【注释】

①阴谋：暗中策划。

②卫：通"围"，包围。

③绐：欺骗。

④相君围王，固善：相国将他们包围起来，的确是很对的。

⑤儿子：小孩子。

⑥兵革：兵器与盔甲，代指战争。

⑦不敢离兵：不敢离开军队。

【译文】

齐王听到这个计划后，和他的舅父驷钧、郎中令祝午、中尉魏勃暗中谋划出兵。齐国相国召平听说齐王想起兵，就派兵包围了王宫。魏勃欺骗召平说："大王想发兵，可是并没有朝廷调动军队的虎符。相国将他们包围起来，这么做的确是对的。我请求替您领兵围住王宫。"召平相信了他的话，让魏勃领兵围住王宫。魏勃领兵后，派兵围住了相府。召平说："唉！道家说'当断不断，反受其乱'，原来真的是这样呀。"他说完自杀而亡。

于是，齐王刘襄任命驷钧做相国，魏勃担任将军，祝午担任内史，调动了齐国全部的兵力。他派祝午到东边去诈骗琅邪王说："吕氏家族叛乱，齐王打算发兵西进诛杀他们。齐王认为自己是个小孩子，年纪小，不熟悉征战之事，愿把整个齐国的军队托付给大王。大王从高祖时就是将军，熟悉战事。齐王不敢离开军队，就派臣请大王到临淄见齐王商议大事，一起领兵西进，平定关中之乱。"琅邪王毫不怀疑，认为这么做是对的，便立即上车去见齐王。齐王与魏勃等人趁机扣留了琅邪王，又派祝午动员了琅邪国的所有军队，并以刘泽的名义控制了琅邪国的军队。

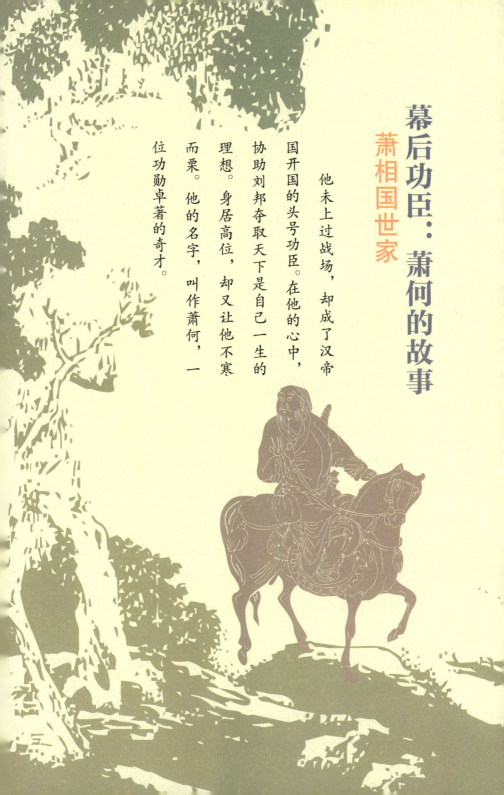

幕后功臣：萧何的故事

萧相国世家

他未上过战场，却成了汉帝国开国的头号功臣。在他的心中，协助刘邦夺取天下是自己一生的理想。身居高位，却又让他不寒而栗。他的名字，叫作萧何，一位功勋卓著的奇才。

坐镇关中：招兵买马助大业

带着问题读《史记》

刘邦攻入秦都城咸阳时，萧何为什么不像别人一样去抢夺金银财物？他都立下了哪些功劳？

◎ 别人抢金银，萧何抢资料

萧何是秦朝沛县丰邑人，与汉高祖刘邦是同乡。因为他精通秦国法律，年轻时就被沛县官府提拔为功曹掾（yuàn）一职。而此时的刘邦只不过是一介布衣。

萧何与刘邦的关系非常密切，他曾经多次利用官吏的身份袒护刘邦。刘邦当上了亭长后，萧何依旧对他非常关照。有一次，刘邦要前往秦都城咸阳办事，其他官吏送了三百钱作为路费，而萧何却送了五百。

当时，有一名监郡御史交给萧何办过几次公务，他对萧何有条不紊的办事风格非常欣赏，将萧何升迁为泗水卒吏，考评名列第一。秦朝御史又向朝廷推荐，征召萧何到咸阳加以重用，萧何一再推辞，最终没有去京城任职。

此后，刘邦在沛县起兵，自封沛公，萧何作为副手督办各种事务。刘邦攻入秦都城咸阳时，将领们争先恐后前往府库抢夺金银财物，只有萧何一人进宫将秦朝丞相、御史掌管的法律诏令、图书典籍等资料收集起来，后来项羽与其他诸侯一把火将咸阳城烧毁。

刘邦被项羽封为汉王后，萧何被任命为丞相。因为萧何完整地保存了秦国的珍贵资料，令刘邦可以全面了解全国的交通要道、人口户籍、州郡情况、民间疾苦，对后来夺取天下发挥了重要的作用。

不仅如此，萧何还向刘邦推荐了大将韩信，使得刘邦在楚汉之争中取得了最终的胜利。

> **画外音**：萧何收集了秦国的各种资料，为刘邦夺取天下做好了充足的准备，充分表明萧何考虑问题全面和缜密。

◎ 办事得力，辅佐刘邦成大业

刘邦率领军队向东平定三秦地区，萧何作为丞相坐镇汉中。在此期间，他不但稳定了汉中局势，还承担了供应刘邦大军粮草的重任。短短数年时间，萧何便将汉中一带治理得井井有条，深受百姓爱戴，提供给前线将士的粮草也从不耽误，其出色的能力得到了刘邦的高度赞扬。

后来，刘邦联合其他诸侯与项羽争夺天下，萧何又奉命留守关中地区，坐镇栎阳，制定了一系列法律制度，并设立了宗庙、社稷、宫殿及各级官吏机构。来得及向刘邦请示汇报的，萧何都会在颁布和实施前进行请示，征得其同意后再实施。事务紧急，来不及汇报的，萧何就根据需要先行实施，之后也做汇报。这些事情也无一例外得到了刘邦的同意。

萧何在关中期间，管理人口、征集粮草，通过各种方式向前线将士源源不断地运送物资。

刘邦与项羽交战期间，多次遭遇败仗，不少士兵逃亡，严重影响刘邦大军的战斗力。萧何便经常招募和征调关中的士兵进行补充，确保前线兵员充足。因此，刘邦对萧何非常器重，将关中事务交给萧何全权处理。

公元前203年，刘邦与项羽在京县、索城一带对峙时，多次派人前往关中慰问萧何。

对此，萧何非常开心，但有位名叫鲍生的士人却对萧何说："主公在前线浴血奋战，却仍不忘记派人回到关中来慰问您，这是对您有了猜忌之心。您不如将自己

的亲属派到主公军中效命。这样一来，主公对您就放心了。"

萧何觉得鲍生所说很有道理，便照办，刘邦果然非常高兴，对萧何更加信任和放心。

【原著精摘】

汉三年，汉王与项羽相距京索之间，上数使使劳苦①丞相。鲍生谓丞相曰："王暴衣露盖②，数使使劳苦君者，有疑君心也。为君计，莫若遣君子孙昆弟能胜兵者悉诣军所，上必益信君。"于是何从其计，汉王大说③。

【注释】

① 劳苦：慰问。

② 暴衣露盖：日晒衣裳，露湿车盖。形容奔波劳碌。

③ 说：通"悦"，高兴。

【译文】

汉王三年（公元前204年），刘邦与项羽在京县、索城一带对峙，多次派使者慰劳丞相萧何。有个叫鲍生的人对萧何说："汉王在前线风餐露宿，却多次派使者来慰劳您，这是对您有所怀疑。为您着想，不如派遣您的子孙兄弟能上战场的都到汉王的军中效力，汉王一定会更加信任您。"萧何听从了他的话，刘邦非常高兴。

论功行赏：刘邦公正而客观

带着问题读《史记》

刘邦为何认为萧何居功至伟？

平定天下，萧何功劳第一

公元前 202 年，刘邦终于消灭项羽，统一了天下。他开始着手封赏文武大臣，大臣们争功，互不相让，争了一年也没能将功劳等次定下来。

后来刘邦一锤定音，认为萧何的功劳最大，将他封为酂（zàn）侯，所封赏的食邑最多。

此举引起众多大臣的不满，有不少将领对刘邦表示："我们历经百战，出生入死，攻占城池不下百城，占领的土地不计其数，立下赫赫战功，但封赏却各有不同；萧何只不过是在后方舞文弄墨，做些文字上的功夫，偶尔发表一下自己的观点和看法。这些微不足道的功劳却获得了陛下您的最高赏赐，这是为什么呢？"

刘邦笑着问："你们知道猎狗吗？"

众人回答："知道。"

刘邦说："打猎的时候，追赶、捕杀野兽的是它们，然而寻觅野兽的是猎人。诸位就像猎狗一样，负责追赶和捕杀，而萧何却是猎人，他能够发现野兽的位置。更何况诸位仅仅是跟随我作战，家族从军的最多也不过二三人，萧何却让几十个亲属跟随我出生入死，他的功劳自然也就比你们大得多！"

听了刘邦的话，文武百官都哑口无言。

此后，刘邦又将功绩突出的大臣封为列侯，等到要排列功臣的名次时，又有不少人向刘邦提出："平阳侯曹参作战英勇，身上有七十多处伤痕，攻下了很多城池，居功至伟，应该排名第一。"

刘邦心里明白，这些意见是因为当初自己重赏了萧何，引起大臣们不满，这些人便拿出曹参之事进行发泄。虽然刘邦想将萧何排在第一位，却又想不出办法来安抚群臣，他犹豫不决，一度想将曹参排在第一位。

这时，关内侯鄂千秋向刘邦进言："曹参虽然作战有功，但那也只不过是一时的功劳。陛下与项羽对峙五年，兵力消耗极大，逃亡者众多，形势万分危急，而每次都是萧何及时从关中征调军队进行增援，补充缺额。而当时陛下并没有下令让萧何这么做。

"除此之外，萧何还负责前线将士的粮草及物资供应。我军与项羽恶战数年，从来没有出现过粮草断绝的情况；陛下与项羽作战期间经常战败，丢掉不少地盘。但萧何却力保关中不失，让陛下有了一个稳定的后方。萧何的这些功劳就是一百个曹参也做不到。怎么能让仅有一时之功的人凌驾于万世之功的人之上？

应该将萧何排在第一，曹参名列第二。"

刘邦茅塞顿开，点头称是，随即将萧何排在首位，并特别允许萧何可以戴剑穿鞋觐见，同时也不必像其他朝臣一样在上朝时快步行走。

几天后，刘邦又对萧何的亲属进行封赏，萧何家族成员中有十几人得到了封邑，萧何的食邑又增加了两千户。后来朝臣们才明白，刘邦增加给萧何的这两千户食邑，是为了报答当年萧何多送给刘邦两百钱的恩情。

画外音：刘邦猎人和猎狗的说法是对萧何功绩的最好评价。萧何最大的功劳，并非冲锋陷阵，而是在于运筹帷幄，为战争的胜利提供了保障。

【原著精摘】

汉五年，既杀项羽，定天下，论功行封。群臣争功，岁余功不决。高祖以萧何功最盛，封为酂侯，所食邑①多。功臣皆日："臣等身被坚执锐，多者百余战，少者数十合，攻城略②地，大小各有差。今萧何未尝有汗马之劳，徒持文墨议论，不战，顾反居臣等上，何也？"

高帝日："诸君知猎乎？"日："知之。""知猎狗乎？"日："知之。"高帝日："夫猎，追杀兽兔者狗也，而发踪指示兽处者人也。今诸君徒能得走兽耳，功狗③也。至如萧何，发踪指示，功人也。且诸君独以身随我，多者两三人。今萧何举宗④数十人皆随我，功不可忘也。"君臣皆莫敢言。

【注释】

①食邑：享有的领地。

②略：夺取。

③功狗：猎狗一样的功劳。

④宗：宗族，家族。

【译文】

汉王五年，刘邦终于消灭项羽，平定了天下，于是对文武大臣论功行赏。由于群臣争功，一年多过去连功劳等次也未能决定下来。高祖认为萧何功劳最为显赫，封他为酂侯，给予的食邑最多。功臣们说："我们身披盔甲，手执兵器，亲自参加战斗，多则身经百战，少则交锋数十个回合，攻占城池，夺取地盘，立了大小不等的战功。但萧何并没有立下汗马功劳，只是舞文弄墨，发发议论，也未参加过战斗，封赏反而在我们之上，这是为什么？"

高帝说："诸位懂得打猎吗？"群臣回答说："懂。"高帝又问："知道猎狗吗？"群臣说："知道。"高帝说："打猎时，追赶、捕杀野兽的是猎狗，但发现野兽踪迹，指出野兽所在地的是猎人。各位只能捕杀野兽，功劳就像猎狗。至于萧何，他发现野兽踪迹，为你们指明方向，功劳如同猎人。再说诸位只是个人追随我，多的不过一家两三个人。而萧何让家族中的数十人随军参战，他的功劳是不能忘怀的。"群臣都不敢再多说什么。

自毁声誉：萧何生存有绝招

⟨⟨ 带着问题读《史记》

萧何为何要自毁声誉？

◎ 伴君如伴虎，萧何也避免不了

公元前 196 年，将领陈豨（xī）起兵谋反，刘邦亲自率领军队前往邯郸平叛。但在刘邦离开不久，淮阴侯韩信密谋在关中地区作乱。吕后采用萧何的计策，将韩信骗至宫中诛杀，迅速稳定了关中局势。

得知韩信被杀的消息，身在前线的刘邦立即派人回到京城长安，加封萧何为相国，增加五千户食邑，并组建了一支由一名都尉及五百名士卒组成的卫队来保护萧何的安全。

这一消息很快传遍了京城，文武大臣纷纷前来祝贺，唯独一个人来到萧何府中报忧。萧何感到非常诧异，便让人将此人带来问话。

这个人名叫召平。他原本是秦朝时期的东陵侯。秦朝灭亡后，他变成了平民，由于家中贫困，便在长安城东以种植瓜果为生。

召平对萧何说："您的危险即将来临。陛下在外征战，风餐露宿，您却在城中安享富贵，没有任何战功，也不会有战死之险，但陛下不但增加您的封邑，还组建卫队来保护您的安全。

"陛下这么做，绝非是对您的恩宠，而是因为淮阴侯韩信谋反一事而对您也起了疑心，担心您会像韩信一样背叛他。希望您能谢绝陛下的封赏，将家产全部拿出来支援军队。如果这样的话，陛下必定会非常高兴。"

萧何听完召平的话，惊出了一身冷汗，随即按照召平的意思去办，刘邦果然非常高兴。

过了一年，将领黥（qíng）布起兵谋反，刘邦又亲自率军征讨，同时秘密派人了解萧何的所作所为。而萧何并不知道刘邦的心思，他还像往常一样，抚慰勉励百姓。

这时，一位门客又提醒萧何："您离灭族的日子不远了。如今您高居相国之位，功劳第一，陛下还能给您什么赏赐呢？您在关中数十年，得到了百姓的一致拥戴，也因此遭到陛下的猜忌。他秘密派人打听您的一举一动，就是担心您在关中威望过高。

"您应该从此不再像以前那样做事勤勤恳恳、任劳任怨，而是多买点土地，做点欺诈百姓的举动来自损名誉。这样一来，皇帝就会对您放心了。"

萧何听完又吓出了一身冷汗，并听从了门客的建议。

> **画外音**：刘邦怀疑萧何，是因为萧何深得民心，加上汉朝建立后，有部分当年受到刘邦重用的将领和大臣谋反，令刘邦坐卧不安，故对萧何产生了猜忌之心，这便是俗话说的"伴君如伴虎"。

◉ 刘邦终于明白了萧何的心思

不久后，刘邦歼灭了黥布，班师回朝。在回军途中，关中百姓成群结队挡住道路，上书控告萧何，告发他强行用低价购买百姓的土地和住宅。

刘邦回到长安后，将这些控告信都摆在萧何的面前，并对萧何说："想不到相国在京城做了这么多'利民'的事情。你还是自己向百姓谢罪吧！"

谁知萧何对此却不理不睬，反而对刘邦说："长安一带耕地稀少，皇宫上林苑中很多的空地，已经废弃多年。希望陛下下令允许老百姓进入上林苑耕种。"

刘邦闻听此言，不禁大怒，说："相国，你一定是接受了商人们的贿赂，否则怎么会如此卖力来要我的上林苑？！"于是，他下令将萧何关进监狱进行审讯。

萧何被抓的消息很快传遍了长安，有不少大臣对于刘邦此举非常不解，一位姓王的卫尉终于忍不住对刘邦说："萧相国犯了什么罪，让陛下如此严厉地对待他？"

刘邦没好气地回答："我听说当年李斯在辅佐秦始皇的时候，将功劳都归于皇帝，有错误自己承担。如今萧相国自己犯了错，反而接受商人们的贿赂，以百姓的名义索要我的上林苑，以此来讨好百姓。所以我将他抓起来治罪。"

王卫尉摇摇头，说："萧相国是职责在身，如果对百姓有利的事情他就应该向陛下提出，这也是他分内的事情，陛下又怎么会怀疑他一定是接受了商人们的贿赂呢？当年陛下曾经与项羽对抗多年，后来陈豨、黥布谋反，陛下都是亲自率部征战。在这期间，萧相国一直镇守关中，只要他有一点点野心，关中就不归陛下所有了。萧相国在那个时候都没有想过为自己谋私利，现在又怎么会贪图商人们的金钱呢？

"当初秦国灭亡就是因为秦始皇不知道自己的过失，李斯将责任都揽到了自己的身上，这种做法难道值得效仿吗？陛下怎么能怀疑萧相国是那么浅薄的人呢？"

王卫尉的话句句在理，刘邦哑口无言，只好让人拿着自己的符节去释放萧何。

萧何被释放后，顾不得礼仪，光着脚来到皇宫，向刘邦请罪。刘邦对萧何说："萧相国不必如此。你为百姓请求我开放上林苑，我不答应，这说明我不过是像桀、纣一样的昏君，而相国才是贤能的宰相。我之所以囚禁相国，是想让百姓都知道我的过错罢了。"

举荐曹参：不计前嫌美名扬

带着问题读《史记》

萧何为什么会举荐曹参？

公元前195年，汉高祖刘邦病逝，太子刘盈继位，即汉惠帝，萧何继任相国。不过，此时的萧何年事已高，身体越来越差。到了公元前193年，萧何一病不起，生命即将走到尽头。

得知萧何病重的消息，汉惠帝亲自来到萧何家中探望。他对萧何问道："丞相百年之后，谁能接替您的职位？"

萧何回答："只有帝王才最了解自己的臣子。"

汉惠帝又问："您看曹参怎么样？"

萧何激动地回答："陛下已经有了最佳的人选，老臣死而无憾了。"

这事一经传出，满朝文武赞叹不已，因为萧何与曹参一向不和，而萧何却不计前嫌，同意让曹参接替自己的相国之位，这样的风范又怎么能不让群臣敬佩呢？

萧何死后，汉惠帝便任命曹参接替了他的职务，并追谥萧何为文终侯。

画外音：萧何举荐曹参，完全是出于公心，是为了国家的发展而考虑，这也体现了萧何不计前嫌的高风亮节。

萧规曹随：曹参的故事

曹相国世家

从决战疆场到位居朝堂，曹参的一生出现过多次转折。但每一次，曹参都能够冷静面对，宠辱不惊，淡然处之，从不因个人的好恶影响大局。

纵横沙场：南征北战成名将

带着问题读《史记》

曹参都立下哪些战功？

⊙ 战绩卓著，灭亡秦朝

曹参是沛县人，早年便担任秦朝的地方官吏，在沛县做狱吏，而他的顶头上司是萧何。

秦朝末年，天下大乱，各地纷纷起兵反抗秦朝的暴政。曹参的同乡刘邦在沛县起兵造反，曹参与刘邦一直关系密切，便加入了刘邦的队伍。

刘邦起兵不久，曹参便奉命率军进攻胡陵、方与等地，与秦朝泗水监的军队进行激战，取得了骄人的战绩。随后，他又向东攻占薛地，在薛城以西地区击败秦朝泗水守军，拿下胡陵。

不久后，刚刚被曹参占领的方与地区的官吏背叛刘邦依附魏王咎，曹参奉命向方与地区发动进攻，此后又平定了丰邑地区的叛军。刘邦因此赐予曹参七大夫的爵位。

接着，曹参在砀（dàng）县东南大败秦朝将领司马夷，一举攻下砀县、狐父和祁县的善驿等地。随后，他又拿下了下邑以西直到虞县，并与秦朝猛将章邯的车骑大军交锋。在攻打爰戚和亢父战中，曹参身先士卒，第一个登上了城楼。由于作战勇敢，他被刘邦晋升为五大夫。

此后，曹参挥师北上增援东阿县，再度与章邯的军队交战，攻占了陈县，将秦军驱赶到濮阳地区，又攻克了定陶、临济等地。随后，他又出兵增援雍丘，与秦国宰相李斯的儿子李由的大军交战，不但将秦军大部消灭，杀死了李由，还活捉了秦军的一名军侯。

就在这时，章邯击败了另一支义军项梁的军部，并将项梁斩杀。刘邦与项羽打不过章邯，只好率领残部向东撤退。楚怀王任命刘邦为砀郡长，统率砀郡的军队。刘邦则任命曹参为执帛，封号为建成君。不久，曹参又被任命为爰戚县县令，隶属于砀郡。

随后数年中，曹参跟随刘邦南征北战，先后与镇守东郡及成武地区的秦军交战，又在成阳以南与秦军将领王离爆发激战，并最终在杠里地区将其击退。随后，曹参率部追击秦军，一直追到了开封，又向秦军将领赵贲的军队展开进攻，将赵贲围困在开封城中。

之后，曹参挥师西进，在曲遇一带击败秦军，不仅打败秦将杨熊，还俘虏了秦军一名司马和一名御史。曹参因此战的胜利被晋升为执珪（guī）。

在随后进行的战斗中，曹参跟随刘邦向阳武发动进攻，先后攻克辕辕山、缑氏，封锁了黄河渡口，之后回军迎击赵贲的军队，并在尸地以北将其击败。紧接着，曹参又与刘邦一起向南攻打犨（chōu）邑，又与秦朝南阳郡太守吕齮在堵阳城进行会战。曹参攻入敌军阵地，夺取宛县，活捉了太守吕齮，平定南阳郡。

不久后，曹参与刘邦一起向西进攻并攻克了武关和峣关，并向驻扎蓝田的秦军发动进攻，利用黑夜的掩护将敌军杀得溃不成军。蓝田之战结束后，曹参随刘邦攻占咸阳，残暴的秦朝从此灭亡。

◎ 开国平叛，再立新功

秦朝灭亡后，实力最为强大的项羽来到了关中，封刘邦为汉王。刘邦任命曹参为建成侯。后来，曹参又随刘邦一起到了汉中，被晋升为将军，参与了平定三秦的战斗。

在战斗中，曹参先后攻克了辩、故道、雍县、斄（tái）县等地，又在壤乡以东及高株一带攻击三秦的军队，将敌军击败。随后，曹参又率军包围了负隅顽抗的原秦军将领章邯的弟弟章平。无奈之下，章平只得向好畤（zhì）方向突围。曹参随即调整作战部署，攻击赵贲、内史保的军队并将其击溃。随后，他又向东攻占咸阳，刘邦将咸阳城更名为新城。

在曹参驻扎景陵期间，三秦派遣章平等人攻打曹参，曹参发起反击，大破敌军。此战过后，刘邦将宁秦县赐给曹参作为食邑。

击败章平后，曹参又与章邯爆发激战，并将其包围在废丘一带。

此后，曹参与刘邦一起出兵临晋关，到达河内，攻占了修武县。曹参又从韦津渡过黄河，向东进至定陶，打败了项羽的将领龙且、项他等人，随后又攻克了砀县、萧县以及彭城。

在随后进行的与项羽主力的会战中，刘邦遭遇惨败，曹参却以中尉的身份攻克了雍丘。就在这时，刘邦的部将王武在外黄举兵叛乱，另一部将程处也在燕南县背叛了刘邦。曹参奉命向二人发起进攻，重创两股叛军。

刘邦部将柱天侯在衍氏叛乱，曹参率军平叛，最终击败叛军并夺取衍氏。此后，曹参兵临昆阳，向项羽部将羽婴发动进攻，并将其赶至叶县。他又回军攻打武强城，到了荥阳。

公元前205年，刘邦任命曹参为代理左丞相，率领军队驻守关中。一个多月后，魏王豹谋反，曹参与韩信一起在东张城攻打魏王豹的部将孙邀（chì），大败孙邀的军队，并乘胜追击，攻打安邑，俘虏了魏王豹的部将王襄。

此后，曹参又先后在曲阳和武坦一带追击敌军，不但俘获了魏王豹全家，还生擒魏王豹，平定了叛乱，并攻克了五十二座城池。

为表彰曹参在此战中的突出表现，刘邦下令将平阳赐给曹参作为食邑。

此战过后不久，曹参与韩信一起在邬县以东攻击赵国相国夏说，大败敌军并杀死夏说。韩信与原常山王张耳一起攻克井陉（xíng），向成安君陈余发动进攻。同时，韩信下令曹参回军将赵国将领戚将军包围在邬城，戚将军突围逃走，曹参率部追击并将其斩杀。

邬城之战结束后，曹参率部来到敖仓，与刘邦主力会合。此时，韩信已经攻克了赵国，当上了相国，正率军向东进攻齐国。曹参隶属韩信，攻克历下、临淄等地，随后回军济北郡，攻打著、漯（luò）阴、平原、鬲（gé）县、卢县等地。不久后，曹参与韩信合兵一处，在上假与龙且会战，大败敌军，斩杀龙且，并活捉其手下周兰，齐国由此平定。这一战一共攻占了七十多个县，并俘虏了原齐王田广的相国田光、代理丞相许章、将军田既。韩信随后做了齐王，带兵前往陈县，与刘邦一起击败了项羽。曹参则留下来平定齐国境内尚未归顺的地区。

公元前 202 年，项羽在乌江自刎，天下平定，刘邦成了汉朝的开国皇帝，韩信转封为楚王，刘邦将其长子刘肥册封为齐王，曹参被任命为齐国的相国。

到了公元前 201 年，刘邦赐予曹参列侯的爵位。曹参在平阳的食邑达到了一万零六百三十户，封号为平阳侯。

公元前 197 年，曹参以齐国相国的身份参与了围歼叛将陈豨的战斗，并击败陈豨的部将张春。到了第二年，大将黥布叛乱。曹参跟随齐悼惠王率领车骑十二万，与刘邦大军会合，大败叛军。曹参随后又挥师南下，平定了蕲（qí）、竹邑、相、萧、留等地的叛乱。

在稳定汉朝局势的一系列战事中，曹参攻下了两个诸侯国，一百二十二个县；俘虏诸侯王两人，诸侯国丞相三人，将军六人，大莫敖、郡守、司马、侯、御史各一人。

画外音：曹参成名依靠的是在战场上的突出表现，他也因此成了西汉的开国名将。曹参最为擅长的是战争而非内政，这也是他后来苦学治理之道及"萧规曹随"的原因。

【原著精摘】

项籍已死，天下定，汉王为皇帝，韩信徙为楚王，齐为郡，参归汉相印。高帝以长子肥为齐王，而以参为齐相国。以高祖六年赐爵列侯，与诸侯剖符①，世世勿绝。食邑平阳万六百三十户，号曰平阳侯，除前所食邑。以齐相国击陈豨将张春军，破之。黥布反，参以齐相国从悼惠王将兵车骑十二万人，与高祖会击黥布军，大破之。南至蕲，还定竹邑、相、萧、留。参功：凡下二国，县一百二十二；得王二人，相三人，将军六人，大莫敖、郡守、司马、侯、御史各一人。

【注释】

①剖符：帝王分封诸侯或功臣时，把一种竹制的凭证剖成两半，帝王与诸侯各执一半，以示信用。

【译文】

项羽死后，天下平定，刘邦做了皇帝，韩信被改封为楚王，齐国被改为郡，曹参归还了右丞相大印。后来刘邦把长子刘肥封为齐王，任命曹参为齐国相国。高祖六年时，曹参分封列侯爵位，朝廷与诸侯剖符为凭，使被分封者爵位世代相传而不断绝。刘邦把平阳的一万零六百三十户封给曹参作为食邑，封号叫平阳侯，收回以前所封的食邑。曹参以齐国相国的身份领兵攻打陈豨的部将张春的军队，击败敌军。黥布谋反时，曹参以齐国相国的身份跟从齐悼惠王刘肥率十二万人马，与刘邦会合攻击黥布的军队，大败敌军。曹参向南打到蕲县，又回军平定竹邑、相县、萧县、留县。曹参的功绩如下：总共打下两个诸侯国，一百二十二个县；俘获诸侯王二人，诸侯国丞相三人，将军六人，大莫敖、郡守、司马、军侯、御史各一人。

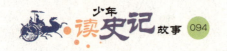

萧规曹随：先天不足后天补

带着问题读《史记》

曹参为什么会继续沿用萧何的政策？

◎ 荣升朝廷相国

汉高祖刘邦在位期间，曹参一直在齐国担任相国。到了公元前195年，刘邦病逝，其子刘盈继位称帝，即孝惠帝。

同年，孝惠帝废除了刘邦时期在诸侯国设置相国的法令，曹参的职务也由齐国的相国变成了丞相。

曹参在齐国担任丞相期间，齐国有七十座城邑，齐王刘肥年少，缺乏治理齐国的经验。于是，曹参将齐国的长老、诸生都召集起来，向他们请教稳定人心的办法。

与会者人数众多，共计数百人，大家说法不一，曹参一时也拿不定主意，不知该如何是好。

后来，曹参听说在齐国的胶西一带有一位叫盖公的人精通黄老之术，便命人带着厚礼将其请来。

见面之后，盖公告诉曹参，治理国家最好的方式便是清静无为，让百姓自行安定。

曹参听后深受启发。为了感谢盖公的指教，他让出了正堂，请盖公居住，以便能留住盖公，便于自己请教。

从此，曹参按照盖公的建议，使用黄老之术治理齐国。在他担任齐国丞相的九年间，百姓安居乐业，曹参也深受百姓爱戴，被齐国百姓誉为贤相。

到了公元前194年，相国萧何病逝。曹参听说这个消息后，立即告诉门客，让他们尽快收拾行装准备前往京城长安。

门客都非常诧异，询问曹参原因。曹参回答："我马上就要到朝廷去担任相国了。"

没过几天，朝廷委派的使者果然来到齐国，宣布了曹参继任朝廷相国的任命。

曹参临行之际，对接任齐国丞相职位的官员表示："对于齐国的监狱和市场，你都不要多干预。"

继任者不解地问道："难道您就没有比这两件事还要重要的事情交代我吗？"

曹参回答："对监狱和市场的管理最能体现一个人的能力。不能太严，应该好坏兼容。否则的话，奸人们又该如何生存呢？我一直将这两件事情作为头等大事来处理。"

> **画外音：** 以往以武勇见长的曹参之所以能将齐国治理得井井有条，最为关键的原因是虚心向盖公学习，掌握治国的理念，然后在实践过程中不断将理论与实践相结合，从而从一名战绩卓著的武将变成了治国有方的能臣。

萧规曹随

曹参与萧何原本是同乡，两人早年曾经一起共事，关系非常要好。但身居高位后，两人却出现了隔阂。尽管如此，萧何对曹参的能力仍赞不绝口，甚至在临终之际向孝惠帝推荐曹参接替自己的职位。

曹参就任后，碌碌无为，他延续了萧何治国的方略，一切遵循萧何所制定的法律。

孝惠帝对曹参经常不理政事的做法感到很不理解。有一天，他问曹参的儿子、时任中大夫的曹窋（kū）：“相国终日不理政务，这不是在公然轻视我吗？你回家去问问你的父亲，就说：‘先帝刚刚病逝，皇帝年纪尚轻，您作为相国，却一点事情都不做，整天光顾喝酒，也不向皇帝请示汇报，难道您就是这样治理国家的吗？’不过，你不要说是我让你这么问的。”

曹窋回到家中，用自己的口气将孝惠帝的话说了出来。曹参听完非常生气，怒打了儿子二百鞭子，开口骂道：“你赶紧回宫伺候皇上去，国家大事岂是你可以多嘴多舌议论的！”

没过几天，孝惠帝也知道了曹窋挨打的事情，对此非常不满，便在曹参上朝之时责备他说："你为什么要鞭打曹窋？上次是我让他这么说的。"

曹参立即摘下自己的帽子，向孝惠帝谢罪，并问道："陛下自认为与高祖相比谁更圣明？"

孝惠帝回答："我哪里敢与先帝相提并论？"

曹参又问："陛下认为我与萧何相比，哪一个更加贤能？"

孝惠帝答："你好像不如萧相国。"

曹参点点头，继续说道："陛下说得一点没错。先帝和萧相国平定了天下，又将法律和法令制定得清清楚楚。如今陛下垂衣拱手，无为而治，我们这些臣子恪尽职守，一切都遵从萧相国的做法，没有出现疏漏，难道这样不是很好吗？"

孝惠帝这才明白了曹参的心思，对他的做法表示赞同。

曹参担任相国期间，选拔官吏时对于那些忠厚老实、有德行但不善言辞的人非常关注，将他们找来任命为丞相府的属官；而对于那些热衷于文辞、名利的官员，他极其厌恶，总是想方设法将这些人贬职或罢免。

曹参担任相国共计三年时间，在他病逝后，老百姓对萧何与曹参的治国有个评价："萧相国在世期间，强调公正，标准一致。曹相国继任后，继续遵循萧相国制定的法律和法令，毫无差错，坚守萧相国清静无为的政策，使百姓得以安居乐业。"

> **画外音：**曹参之所以沿用萧何的方式治国，是因为觉得萧何制定的法律和法令是最适合的一种治国方式。这也体现出曹参客观、公正的态度。

喝酒趣事

曹参在世期间，非常喜欢喝酒，终日品尝美酒。有部分大臣和宾客对此颇有非议。他们不时来到曹参府中，想对曹参进行劝谏。可这些人刚进了曹参府，曹参便拉着他们一块儿喝酒。等过了一会儿，来客又想开口劝谏，曹参便马上劝酒。因此，直到来客喝醉离开，都一直找不到开口说话的机会。

曹参担任相国期间，相国府后园与相府一些小官吏的住所毗邻。部分小吏经常在住所中饮酒、唱歌，令相国府的幕僚非常厌恶，却拿这些人没有一点办法。

后来，有人想出了一个主意，请曹参来到后园游玩，这样曹参就会听到隔壁的喧闹声，便会亲自出面制止。可没想到曹参听到后，竟命人带上酒，也去往小吏们的住所与他们一起喝酒、唱歌。相国府的幕僚们见此情形，只得摇头作罢。

【原著精摘】

至朝时，惠帝让参曰："与①窋胡治乎？乃者②我使谏君也。"参免冠谢③曰："陛下自察圣武孰与高帝？"上曰："朕乃安敢望先帝乎！"曰："陛下观臣能孰与萧何贤？"上曰："君似不及也。"参曰："陛下言之是也。且高帝与萧何定天下，法令既明，今陛下垂拱④，参等守职，遵而勿失，不亦可乎？"惠帝曰："善。君休矣！"

【注释】

①与：对于。

②乃者：以前，上次。

③谢：谢罪。

④垂拱：垂衣拱手，形容无所事事，不费力气，称颂帝王无为而治。

【译文】

上朝的时候，惠帝责备曹参说："你为什么要打曹窋一通？上次是我让他劝谏你的。"曹参脱帽谢罪道："请陛下仔细考虑一下，您和高帝谁更加圣明英武？"惠帝说："我怎么敢跟先帝相比！"曹参说："陛下看我和萧何谁更贤能？"惠帝说："你好像不如萧何。"曹参说："陛下说得对。高帝与萧何平定天下，明确了法令。如今陛下垂衣拱手，我们这些臣子谨守职责，遵循原有的法度，不随意更改，不是很好吗？"惠帝说："好。您休息吧！"

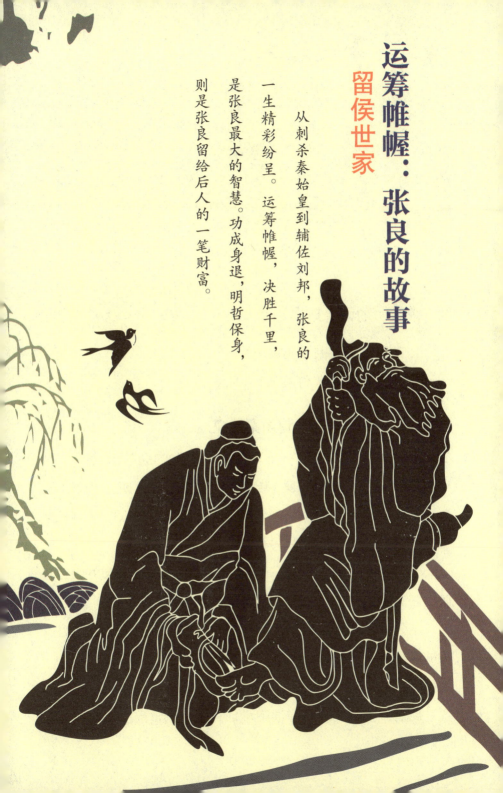

运筹帷幄：张良的故事

留侯世家

从刺杀秦始皇到辅佐刘邦，张良的一生精彩纷呈。运筹帷幄，决胜千里，是张良最大的智慧。功成身退，明哲保身，则是张良留给后人的一笔财富。

胸怀大志：散尽家财杀皇帝

带着问题读《史记》

1. 张良为何要刺杀秦始皇？

2. 张良的本领从何而来？

为故国复仇，刺杀秦始皇

张良，字子房，颍（yǐng）川城父人，他的祖先是韩国人，祖父名叫张开地，曾在韩昭侯、韩宣惠王、韩襄哀王时期担任过相国。张良的父亲名叫张平，做过韩釐王与韩桓惠王的相国，于韩桓惠王二十三年（公元前250年）去世。

张平去世二十年后，秦国灭亡了韩国。当时，张良并未在韩国担任官职。韩国灭亡时，张良家中的奴仆有三百多人。

不久，张良的弟弟病逝，但张良并没有按照传统为他举办隆重的丧礼，而是将全部家产都用来招募勇士。他的目的只有一个：为韩国的灭亡复仇，刺杀秦始皇。

此后，张良又利用在淮阳学习礼制之余，前往东方拜见仓海君，在那里他找到了一位大力士，又特地为他定做了一把重达一百二十斤的大铁锤，打算与这位大力士一起刺杀秦始皇。

公元前218年，张良得知秦始皇在东方一带巡察，便带着大力士一起在阳武县附近的博浪沙埋伏。当秦始皇的车队经过时，张良等人一跃而起，向秦始皇发动突然袭击。在混乱中，这位大力士用大铁锤砸中了秦始皇随从的马车。秦始皇的侍从一拥而上，拼命保护。张良一看刺杀没有成功，只得逃走。

张良的刺杀，令秦始皇非常恼怒，下令在全国捉拿刺客。但张良在行动前就做了精心的准备，事后又立刻隐姓埋名。所以，秦朝的官吏追查了很久，不但没有找到凶手，甚至连刺客的名字都不知道。

画外音：张良刺杀秦始皇，虽然与秦朝的暴政激起张良不满有关，但更为重要的则是张良本人为韩国贵族。韩国被秦始皇所灭，张良想通过刺杀秦始皇为故国复仇。

◎ 巧遇黄石公，苦学兵法

刺杀失败后，张良几经辗转，逃到了下邳一带，并在这里隐居起来，一待就是数年的光景。

有一天，张良经过下邳城的一座小桥，遇见一位衣着朴素的老人。老人走到张良身边，故意将一只鞋子扔到桥下，对张良说："小伙子，你下去帮我把鞋子捡上来。"

　　张良见老人非常傲慢，心中很生气，想不去理他。但一想到对方是个白发苍苍的老人，心中不忍，便强压心头怒火，来到桥下，将鞋子捡了回来交给老人。

　　谁知老人又对张良说："你替我穿上鞋子。"

　　张良听到这话，心里更加生气。但他转念一想，好事做到底吧，既然已经替老人捡了鞋子，那就再帮老人穿上鞋子吧。于是，他跪下来为老人穿鞋。

　　等鞋子穿好后，老人大笑着离开了。张良越想越觉得奇怪，站在桥边发愣。

　　没过多久，这位老人又回来了，他笑眯眯地对张良说："你这个小伙子不错，值得教导。这样吧，五天后的早晨，你就在这里等我吧。"

　　张良一听，知道这位老人肯定是一位高人，便下拜回答道："张良定会准时赴约。"

　　五天后，天刚蒙蒙亮，张良便来到了桥边。不过他却发现老人比自己来得还要早。老人气呼呼地对张良说："你这个年轻人，和老人约会，怎么比我还来得晚？"张良无言以对。

　　老人转身便走，边走边说："五天后还是这个时间，你在这里等我。"

　　五天后鸡刚叫，张良又来到了桥边，却发现老人又先到了。老人更加生气，说："你为什么又迟到？五天后还是这个时间你在这里等我。"说完，老人又扬长而去。

又过了五天，张良半夜就来到了桥边。不久后，老人也出现了。看到张良比自己来得早，老人终于露出了笑脸，对张良说："你这样做就对了！"

随后，老人从怀里掏出一本书，对张良表示："这本书送给你了。读了这本书，你日后就能成为帝王的老师，十年之后一定会名扬天下。十三年后，你到济北去找我。谷城山下的黄石就是我。"说完，老人离开了。从此以后，张良再也没有在下邳遇到过这位老人。

张良回到住所翻阅这本书，发现这本书的名字叫《太公兵法》。张良觉得书中的内容博大精深，便静下心来发愤研读。经过数年的钻研，张良获益良多。

画外音：张良所展现出的出色才能，来源于黄石公赠送的《太公兵法》。通过这本书，张良学到了不少谋略及兵法知识，并在随后的战争中勤于实践，逐步提高了自己的谋略水平。

【**原著精摘**】

良尝学礼淮阳。东见仓海君。得力士，为铁椎重百二十斤。秦皇帝东游，良与客狙击①秦始皇博浪沙中，误中副车②。秦皇帝大怒，大索天下，求贼甚急，为张良故也。良乃更名姓，亡匿③下邳。

【注释】

①狙击：伺机袭击。

②副车：随从的车辆。

③亡匿：躲藏。

【译文】

张良曾在淮阳学礼，又前往东方见到了仓海君。他找到一个大力士，制作一个一百二十斤重的铁锤。秦始皇到东方巡游，张良与大力士在博浪沙发动袭击，却误中了副车。秦始皇大怒，下令在全国进行搜捕，一定要抓住凶手，这是因为张良的缘故。张良只得改名换姓，逃到下邳躲藏起来。

投靠刘邦：运筹帷幄灭项羽

带着问题读《史记》

张良有哪些功劳？

◎ 忠言逆耳利于行

张良在下邳期间，除了研读兵法之外，还结识了一位名叫项伯的江湖大侠。项伯因行侠仗义而杀人，逃到了下邳躲藏。两人很快成了好友，经常一起做些侠义之事。

在张良隐居下邳期间，天下局势发生巨变。公元前209年，陈胜、吴广揭竿而起，拉开了反抗秦朝暴政的序幕。张良也在下邳招募了一百多名壮士，准备投入到起义的洪流当中。

不久后，张良听说楚国贵族景驹在留县自立为楚王，便带着一百多名壮士前去投奔，却在途中遇见了刘邦。此时的刘邦手下已有数千人马，并攻占了下邳以西的地区。张良对刘邦的印象很好，便放弃了投奔景驹的念头，跟随了刘邦，被刘邦任命为厩将，负责军中的马匹。

作战之余，张良经常结合《太公兵法》向刘邦献策，刘邦听了非常欣赏，多次采纳张良的计策。但张良与刘邦军中其他将领谈论书中的理论时，他们却无法领会。为此，张良感叹道："沛公刘邦真是个天才啊！"

不久，刘邦到了薛地，与另外一支起义军的领袖项梁会合，项梁拥立原楚怀王的孙子熊心为王。张良对项梁说："您已经拥立了楚国的后代为王，而韩国王室的公子横阳君韩成也非常贤能，可以立他为韩王，以壮大义军的力量。"

项梁听从了张良的建议，并派张良去找韩成，将其立为韩王，韩成任命张良担任韩国的司徒。此后，张良随韩王一起率领一千多人马，向西攻占原来韩国的土地，并攻克了几座城池，可不久又被秦军击败，只得在颍川一带与秦军展开游击战。

不久后，张良终于率军击败秦军将领杨熊，攻克了韩地的十几座城池，扭转了战局，而此时刘邦也率军进入韩地一带。经过协商，韩王留下来镇守韩国故都阳翟，张良则重新回到刘邦军中，并随大军一起南下，向南阳郡发动进攻。

南阳郡太守得知刘邦杀来，退回宛城固守。刘邦派兵攻城，却久攻不下。他认为夺取宛城的难度较大，就打算绕过宛城继续西进。不过，刘邦的想法遭到了张良的反对。

张良对刘邦说："西进之路上秦兵众多，如果未能拿下宛城而西进，一旦在前方遇到秦军，宛城的守军很有可能对我军后方发动进攻，到时候我们腹背受敌，局势将会非常危险。依我看，我军在西进之前，无论如何都要先拿下宛城。"

在这个建议得到刘邦的采纳后，张良又献出一计：佯装放弃对宛城的围困，撤军离开，等到天黑之后大军再突然返回城外，对宛城发动突然袭击。

刘邦依计而行，攻城将士大摇大摆地离开了宛城。守军见威胁解除，便放松了警惕。

当天夜里，刘邦大军突然出现在宛城城下并发动猛攻。宛城守军猝不及防，伤亡惨重。最终，宛城太守开城投降，刘邦大军终于消除了后顾之忧。

宛城之战结束后，张良与刘邦一起进入武关。刘邦打算派遣两万兵马去强攻秦军死守的峣关，不过这个想法又遭到了张良的反对。

张良对刘邦说："秦朝的军队依然非常强大，不可轻敌。主公可以继续坚守阵地，另外派出一支军队，在四周的山头上插满旗帜作为疑兵。我听说峣关守将是屠夫的儿子，这种人贪图钱财，很容易被诱降。您可派郦食其带着厚礼去收买他，可不战而胜。"

刘邦依照张良的建议行事，峣关守军果然不战而降，刘邦兵不血刃夺取了峣关。随后，张良又跟随刘邦一起在蓝田一带打败秦军，攻入了秦朝国都咸阳，秦王子婴出城投降，秦朝就此灭亡。

刘邦进入咸阳后，看到富丽堂皇的宫殿、不计其数的良马以及数以千计的美女，就想住在咸阳的宫殿里。樊哙提出劝谏，刘邦置之不理。

此时，张良出面对刘邦说："秦朝残暴无道，遭天下人唾弃，

您才有机会攻占这里。既然主公您的目的是为天下人铲除暴政，就应该布衣素食，以示简朴。而您刚刚进入皇宫，就想安享逸乐。所谓'忠言逆耳利于行，良药苦口利于病'，您应该采纳樊哙的意见。"

听了张良的话，刘邦非常惭愧，随即放弃了住在咸阳的念头，改在灞上驻扎。

◉ 运筹帷幄，巧解鸿门宴难题

公元前 206 年，项羽率领大军进抵函谷关。当他得知刘邦抢先攻占咸阳的消息，勃然大怒，准备与刘邦决一死战。而此时的刘邦，实力与项羽差距明显，一旦开战，刘邦随时都有全军覆没的危险。

就在这个危急时刻，张良当年的好友、此时在项羽军中担任大将的项伯被请到了刘邦的驻地。张良提议让刘邦与项伯结成儿女亲家，并让刘邦在项伯面前表示绝不可能背叛项羽。项伯回到项羽军中，将刘邦的话做了转达，打消了项羽的疑虑，才使局势有了转机。

随后项羽在鸿门宴请刘邦，项羽的谋士范增暗示项庄以舞剑的名义杀掉刘邦。张良见势不妙，立刻找到刘邦的侍卫樊哙，让樊哙保护刘邦的安全，刘邦这才化险为夷。随后，张良又让樊哙保护刘邦迅速离开鸿门，自己留下来应付项羽，刘邦终于脱险。

◉ 明修栈道，暗度陈仓

鸿门宴结束不久，项羽自封为西楚霸王，分封天下诸侯，刘邦被封为汉王，驻扎巴蜀之地。为了感谢张良的贡献，刘邦赐予张良黄金百镒、珍珠两斗。而张良又将所有的赏赐转送给了项伯。

刘邦得知此事，又托张良再送一份厚礼给项伯，并请项伯帮他向项羽请求得到汉中地区。经过项伯的劝说，项羽把汉中分给了刘邦。

不久后，刘邦前往汉中，张良去送行。因为张良还要返回韩王身边，刘邦有些恋恋不舍，临走时，张良建议刘邦说："大王您为何不烧掉走过的栈道，以此向天下人表明您断了再打回去的决心，这样可以减少项羽对您的戒心。"刘邦点头称是，在张良离开后便下令烧毁了栈道。

张良回到韩国后才发现，韩王因自己去送刘邦的缘故被项羽扣押在彭城，韩王派人找到张良，希望张良设法说服项羽，让其返回韩国。

于是，张良来到彭城面见项羽。他对项羽说："汉王刘邦已经烧毁了栈道，他没有重回中原的打算。"接着，张良又将齐王谋反之事报告项羽。项羽发兵攻打齐国，防御刘邦的兵力也大幅度减少。

不过，项羽仍然没有把韩王放回韩国，不仅如此，他还将韩王贬为侯爵，不久后又借故将他杀死。张良得知韩王被杀，立刻逃走，从小路去投奔了刘邦。

此时的刘邦已经平定了三秦，看到张良回归，他非常高兴，

随即下令封张良为成信侯。

> **画外音**：烧毁栈道，切断巴蜀与关中地区的通道，这是张良协助刘邦争夺天下的关键一步，其目的是消解项羽对刘邦的怀疑，也为刘邦养精蓄锐、发展壮大争取了时间。

🔶 化解难题，消灭项羽

公元前205年，刘邦大军进入中原，与项羽争夺天下。不久之后，刘邦占据彭城，由于举措失当，很快便被项羽击败，几乎全军覆没，刘邦只好率残部撤往下邑。

到达下邑后，刘邦有些心灰意冷，向众人表示："倘若有人能与我一起消灭项羽，我会将函谷关以东的地区拱手相送。"

此时，张良站了出来，对刘邦说："九江王黥布原来是项羽手下的猛将，但与项羽有很深的矛盾。同时，彭越和齐王田荣正在梁地与项羽交战，他们都可以为大王所用。在大王手下的将领当中，韩信可以委以重任。如果您要将关东之地送人，就送给这几个人，那么项羽就一定会被打败！"

张良一席话，点醒了刘邦。随后，刘邦派遣随何游说黥布，又派人前去联合彭越。当魏王豹起兵背叛刘邦时，刘邦又派韩信率军发起进攻。韩信果然不负众望，很快便击败了魏王豹。

到了公元前203年，韩信攻占齐国，想自立为齐王，派使者试探刘邦。刘邦大怒，张良却在一旁劝告刘邦："不如顺水推舟答应韩信的要求，以此稳住韩信使其派主力与项羽进行决战。"刘邦恍然大悟，随即令张良作为特使前往齐国，拜韩信为齐王。

果然，韩信不久后出兵打败项羽，刘邦统一了全国。

【原著精摘】

　　汉元年正月，沛公为汉王，王巴蜀。汉王赐良金百溢[1]，珠二斗，良具以献项伯。汉王亦因令良厚遗项伯，使请汉中地。项王乃许之，遂得汉中地。汉王之国，良送至褒中，遣良归韩。良因说汉王曰："王何不烧绝所过栈道[2]，示天下无还心，以固项王意。"乃使良还。行，烧绝栈道。

【注释】

①溢：通"镒"，重量单位，一镒为二十四两。

②栈道：在险绝的地方傍山架木而成的道路。

【译文】

　　汉王元年正月，沛公刘邦被（项羽）封为汉王，管辖巴蜀地区。刘邦赏赐张良黄金一百镒、珍珠二斗，张良将这些赏赐都送给了项伯。刘邦也趁机让张良送了一份厚礼给项伯，并请项伯向项羽请求得到汉中地区的管辖权。项羽答应了刘邦的请求，于是刘邦得到了汉中地区。汉王到封国去时，张良送他到褒中后刘邦让张良回归韩国。张良那时劝说刘邦："大王为什么不把所经过的栈道全部烧毁，以此向天下人表明自己无意再打回中原，来让项羽放松警惕。"于是，刘邦让张良返回了韩国，自己烧毁了栈道。

化解危机：明哲保身功成退

带着问题读《史记》

张良是如何化解危机的？

平息风波，闭门不出

在打败项羽的过程中，张良因为体弱多病，并没有单独领兵作战。尽管如此，他一直跟随刘邦左右，为刘邦出谋划策，立下了汗马功劳。

天下平定之后，刘邦大封功臣，虽然张良并无冲锋陷阵的战功，但刘邦当众表示："运筹帷幄于大帐之中、决胜于千里之外，这都是子房的功劳。你可以在齐地随便选择三万户作为封邑。"

张良却平静地回答："当初微臣在下邳与陛下相逢，这是上天让我来追随您。微臣为陛下所提出的那些建议，都是我侥幸料中而已。微臣早已心满意足，不敢接受陛下给我的三万户食邑。"

　　张良拒绝封赏的坚决态度，令刘邦非常满意。于是，他下诏封张良为留侯。不过，与张良的谦让形成鲜明对比的是部分尚未得到封赏的文武大臣。他们日夜争功，导致刘邦无法公正评定个人的功劳，故为此很是头疼。

　　一天，刘邦在宫中发现十几位大臣坐在不远处的沙地上大声议论，便问张良是怎么回事，张良回答："陛下不知道吗？他们这是在密谋造反啊！"

　　刘邦大吃一惊："天下刚刚平定，他们为什么还要造反？"

　　张良回答："当年陛下只是个普通百姓，正是依靠了这些人才夺取了天下。如今这些人都在计算自己的功劳，认为天下的土地已经不够封赏给他们，又担心以前犯下的过失会被您记恨而引来

杀身之祸。他们聚在一起争功，其实是为日后的谋反埋下伏笔啊！"

听了张良的话，刘邦更加担忧，问张良有何化解之策。张良问刘邦："谁是您最怨恨的人，而且所有文武大臣都知道的？"

刘邦回答："雍齿与我有旧怨，曾经多次使我当众受辱，我一直想杀了他。但因为他立过大功，所以不忍心下手。大臣们都知道这事。"

张良说："您现在赶紧封赏雍齿，做个样子给其他大臣看看。群臣看到雍齿都被封赏了，他们就都会觉得安心了。"

刘邦随即大摆酒宴，当着群臣的面加封雍齿为什邡侯，并催促丞相、御史们加快评定进度。群臣私下都高兴地说："连雍齿这样的人都被封为侯，我们这些人也就不用担忧了。"

汉朝建立后，大臣刘敬曾建议刘邦将国都定在关中，刘邦尚未拿定主意，但手下的文武百官却纷纷提出反对意见，因为他们大多数都是崤山以东的人，便极力劝说刘邦将都城定在洛阳。为此，有人对刘邦说："洛阳的东边有成皋，西边有崤山、渑池，又背靠黄河，面向伊、洛二水，地理位置独特，易守难攻。"

刘邦拿不定主意，便询问张良。

张良回答："虽然洛阳有这些天险，但地方狭小，方圆不过百里，土地贫瘠，四面受敌，不是用武之地。关中地区东有崤、函两处险要，西有陇山和蜀山，中心地区沃野千里，加上南面有物产丰富的巴蜀，北面又是生产牛马的大草原，有三面险要可守，只要一心对付东面的诸侯便可。天下太平之时，可以通过黄河与渭水将全国各地的粮食都运到长安，供给京城。如果天下大乱，可以顺流而下，方便输送粮草和军队，这就是人们所常说的'金城千里，天府之国'啊！刘敬的话是对的。"

刘邦听完了张良的话，当天就起驾动身，将国都定在了关中。

张良也跟随刘邦来到了关中。由于平时体弱多病，张良从此开始学习养生之道，一年多闭门不出。

明哲保身，功成身退

公元前 197 年，刘邦想罢黜吕后所生之子刘盈的太子之位，改立戚夫人的儿子赵王如意为太子。文武群臣对此议论纷纷，有的上奏刘邦进行劝谏，可刘邦就是不听。

吕后对此非常慌张，不知如何是好。有人向她建议："陛下最听留侯张良的话，您可以找找他帮忙。"

于是，吕后派建成侯吕泽找到张良说："您是陛下最为信任的谋士，如今陛下要换掉太子，这么大的事情，您又怎么能不过问呢？"

张良回答："以前陛下有几次的确是听从了我的意见才脱离险境的。如今天下太平，陛下因为喜欢戚夫人而打算更换太子，这是帝王的家事，就算有一百个张良去劝谏也起不到任何作用。"

吕泽只得哀求道："请您一定要替皇后想个办法。"

张良无奈，只好回答："单凭口舌是难以说服陛下的，我们这些人出面都没用。不过倒有四个人可以解决这个难题。

"这四个人被尊称为商山四皓。他们年纪很大，德高望重，

但都认为陛下对人轻蔑无礼，故此隐居深山，坚决不做朝廷的大臣。
陛下对他们非常仰慕。如果你送给他们丰厚的礼物，请太子写一
封亲笔信，再派能言善辩的人前去邀请他们出山辅助太子，他们
一定会答应。

"等他们出山之后，你让太子把他们当成贵宾一样对待，并
请他们陪着太子一块儿上朝。等陛下见到他们，一定会非常惊讶。
陛下知道他们在辅佐太子，一定会改变主意。如此一来，太子的
地位也就保住了。"

吕泽将张良的话告诉吕后，吕后连忙派人拿着太子的亲笔信，
带上丰厚的礼品，去请这四位老人出山。四人来到京城后，住在
了建成侯府中。

公元前 196 年，黥布谋反。当时刘邦患病，无法带兵出征，
便想让太子刘盈挂帅去攻打黥布。商山四皓得知此事，认为此举
会对太子的地位造成严重影响，便通过吕泽向吕后劝谏。吕后一听，
连忙去见刘邦，坚决反对由太子领兵出征。

吕后对刘邦说："黥布是天下闻名的猛将，善于用兵，太子
却没有一点实战经验；出征的将领大都是陛下的旧臣，位高权重，
如果让太子统率他们，他们一定不会听从指挥。一旦黥布得知此
事，一定会大肆进攻。陛下您虽然身体不适，但您若不亲自出征，
老将们就不会尽心尽力。为了国家的安危，您还是勉为其难，亲
自挂帅吧。"

吕后一把鼻涕一把泪，终于说服了刘邦。刘邦决定御驾亲征，

讨伐黥布。

刘邦出征之日，文武百官来到灞上送行。此时张良拖着病体，赶来送行，并将刘邦送到了曲邮。

张良对刘邦说："微臣本来打算与陛下一起出征的。可是微臣身患重病，无法前行。黥布的军队骁勇善战，陛下千万不可与他硬拼。如今陛下远征，可让太子领兵镇守京城。"

看着脸色苍白的张良，刘邦非常感动，对张良说："子房啊，虽然你身体不适，但我还是希望你能尽心竭力辅佐太子。有你在，我就放心了！"

第二年，刘邦终于打败了黥布，班师回朝。此时，刘邦的病情逐渐加重，更换太子的想法也愈发强烈。张良出面劝谏，刘邦也不肯听。张良便称病不出，从此不再上朝。

过了不久，刘邦在宫中大摆筵席，邀请文武百官。太子刘盈陪在刘邦身旁，商山四皓则站在太子的身后。

这四位老人年纪都在八十岁以上，须眉雪白，打扮奇特，引起了刘邦的注意。

刘邦问道："这四位老人是谁？"

四人回答说是东园公、用（lù）里先生、绮里季、夏黄公。

刘邦一听，非常惊讶，不禁脱口说道："我寻访你们四位多年，你们却一直躲着我。如今你们怎么会愿意追随我的儿子呢？"

四人回答道："陛下对人傲慢无礼，我们不愿伴您左右，

只好躲起来。不过我们听说太子仁义孝顺，对人谦恭有礼，喜欢士人，天下有才能的人都愿意为他效命。因此，我们特意出山来投奔他。"

刘邦非常高兴，对四人表示："那就烦请四位有始有终，好好调教太子吧。"从此以后，刘邦再也不提更换太子的事了，刘盈的太子之位终于保住了。

公元前 195 年，刘邦病逝，太子刘盈继位。此时的张良身体越来越差，逐渐淡出了朝廷。但吕后对张良当年设计保住儿子刘盈之事非常感激，经常来到张良府中探望。

公元前 186 年，张良病逝，谥号为文成侯。他的儿子张不疑继承了他的爵位。

【原著精摘】

留侯从上击代，出奇计马邑下，及立萧何相国，所与上从容言天下事甚众，非天下所以存亡，故不著①。留侯乃称曰："家世相韩，及韩灭，不爱万金之资，为韩报仇强秦，天下振动。今以三寸舌为帝者师，封万户，位列侯，此布衣之极，于良足矣。愿弃人间事，欲从赤松子游耳。"乃学辟谷②，道引轻身③。会高帝崩，吕后德留侯，乃强食之，曰："人生一世间，如白驹过隙④，何至自苦如此乎！"留侯不得已，强听而食。

【注释】

①不著：不一一记录。

②辟谷：施行"道引"这一养生之术时，不食五谷，可以长生。

③轻身：是身体轻轻飞升。道家认为不食五谷，服药行气，可以飘然成仙。

④白驹过隙：比喻时间过得快，光阴易逝。

【译文】

留侯张良跟随刘邦一起去攻打代国，献出一个奇妙的计策，攻下马邑。后来他又劝说刘邦立萧何为相国，经常与刘邦讨论不少天下大事，但那些都不是关于国家存亡的大事，所以就不一一记录了。留侯张良宣称："我家几代人担任过韩国的国相。等到秦国灭了韩国，我不惜万金家财，也要替韩国向秦国报仇，天下为之震动。如今凭借三寸不烂之舌成为帝王的老师，封赏万户，位列诸侯，作为一个平民，已经达到了顶点，我已经心满意足了。我宁愿放弃一切人间的事情，打算跟随赤松子去四处云游。"于是，张良开始学习辟谷之术，不吃五谷，练习道引轻身之道。这时，刘邦病逝，吕后非常感激张良的恩德，于是强迫他进食，并说："人生一世，时间过得很快，光阴易逝，你又何必自找苦吃到这种地步呢？"张良无奈，只得勉强恢复进食。

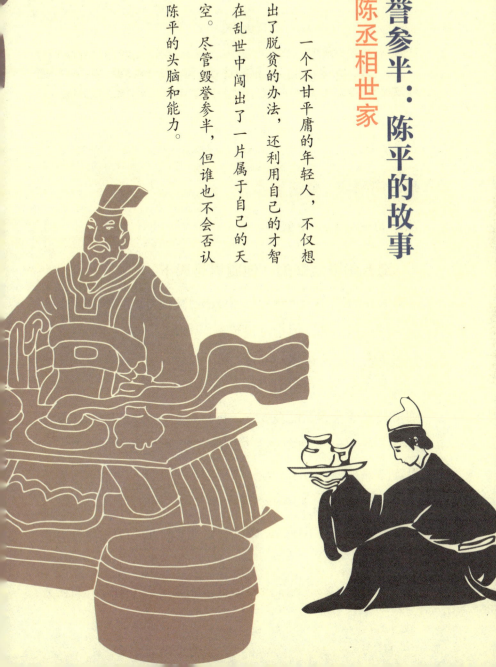

毁誉参半：陈平的故事

陈丞相世家

一个不甘平庸的年轻人，不仅想出了脱贫的办法，还利用自己的才智在乱世中闯出了一片属于自己的天空。尽管毁誉参半，但谁也不会否认陈平的头脑和能力。

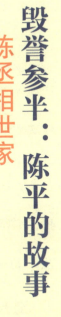

不甘贫困：脱贫之法有绝招

带着问题读《史记》

陈平为何要娶一个寡妇？

◎ 别人眼里是祭肉，他眼里是天下

陈平是阳武县户牖（yǒu）乡人，小时候家中很穷，却非常喜欢读书。

陈平的哥哥陈伯，很是疼爱弟弟，宁肯自己天天下地干活，也要让弟弟可以安心求学。不过，陈平的嫂子却嫌他整天只顾着读书，既不顾家，也不下田耕地，对陈平非常不满。

陈平长大成人后，仪表堂堂，身材魁梧。有人问他："你家里那么穷，也没什么好东西吃，怎么你还长得如此魁梧呢？"

没等陈平开口，他嫂子在一旁没好气地插话："他不过是吃米糠而已。有这样一个不干活的小叔子，还不如没有的好。"

陈平听罢，一言不发，默默离开。哥哥陈伯非常生气，将妻子赶出了家门。

又过了几年，陈平到了该谈婚论嫁的年纪，可附近的有钱人家却都不肯将女儿嫁给他，而陈平也觉得如果娶个与自己一样贫穷人家的女子是一种耻辱。因此，陈平的终身大事就这样被耽误了几年。

户牖乡有个富户名叫张负，他的孙女先后出嫁过五次，可每一次丈夫都死了，没有人再敢娶她。但哥哥陈伯却意外地发现，弟弟陈平似乎对这位寡妇情有独钟。

有一次，当地正在操办一场丧事，陈平特意赶去帮忙。在丧事操办的那几天，陈平总是第一个来，最后一个离去。正巧张负也来吊唁，他一眼便看中了高大英俊的陈平。后来陈伯才知道，原来陈平此举早有目的，就是为了引起张负的注意。

张负看中了陈平，便在丧事结束后悄悄尾随陈平来到了陈家，这才发现陈平居住在城边一条偏僻小巷中，用一张破席子当门。不过，张负却惊讶地发现，陈平家门口有很多富贵人家所乘马车的车轮印迹。

张负回到家中，将陈平的情况告诉了儿子张仲。他说："我想将孙女嫁给陈平，你觉得怎么样？"

儿子张仲回答："陈平家里很穷，他从来不下地种田，好多人都在看他的笑话，没人愿意将女儿嫁给他。为什么您偏偏看中了呢？"

张负答道："陈平仪表堂堂，他肯定不会永远贫困下去，日后必定会飞黄腾达。"

在张负的撮合下，他的孙女嫁给了陈平。为了让这场婚事

风风光光，张负特意借钱给陈平做聘礼，又为陈平提供资助，让他宴请亲朋好友。

张负对孙女说："你千万不要因为陈平家里穷就看不起他们，对待他的哥哥要像侍奉父亲一样，对待他的嫂子要像侍奉母亲一样。"孙女点头称是。

自从娶了张负的孙女，陈平的生活有了转机，家产渐渐丰厚起来，交际也越来越广泛。

数年之后，户牖乡举行祭祀活动，陈平负责分配祭肉。他非常公平，得到了乡亲们的一致称赞，陈平则感慨地说："唉，如果将来我陈平有机会能治理天下，也一定会像今天分祭肉这样公平、公正！"

画外音：陈平从分配祭肉之小事，能联想到治理天下之大事，可见他早早就看清了管理的本质，即利益分配问题。治理天下重要的一点，就是要做到合理分配各方利益，只有分配平衡，才能令人信服。日后陈平之所以能成为丞相，也许正是因为他心怀天下百姓，希望百姓能得到公平、公正的对待。

智勇双全：功劳大是非更多

带着问题读《史记》

刘邦为何会放过受贿的陈平？

◎ 居然要脱衣服才能自保

秦朝末年，陈胜、吴广起义席卷全国。陈胜派遣将领周市攻占了魏地，拥立魏咎为魏王，并与秦国军队在临济一带展开激战。

此时的陈平辞别了他的哥哥陈伯，与乡里的其他年轻人一起来到临济投奔魏咎，魏咎任命他为太仆。不过，魏咎多次拒绝采纳陈平的建议，部分魏咎的手下妒忌陈平的才能，经常在魏咎面前诋毁陈平。陈平见状，只好偷偷离开。

又过了一段时间，项羽的大军杀到黄河一带，陈平前去依附，并跟随项羽一起攻入函谷关灭掉了秦朝，陈平也因此被项羽授予卿一级的爵位。

此后不久，项羽回到中原，在彭城称王，刘邦则在关中地区

平定了三秦，他向中原地区进军，双方的矛盾逐渐激化。在刘邦的劝说下，殷王司马卬背叛项羽改投刘邦。项羽大怒，封陈平为信武君，让他率领以前魏咎的部下去讨伐司马卬。

陈平与司马卬的战事进展十分顺利，没过多久，陈平便大获全胜，平定了殷地。项羽非常高兴，将陈平晋升为都尉，并派项悍送给陈平黄金二十镒作为赏赐。

没过多久，殷地的局势突然发生巨大的变化，刘邦打败了陈平等人，夺取了殷地。项羽大怒，准备派人诛杀陈平等镇守殷地的将领。陈平唯恐被杀，将项羽赐予的黄金和官印包好，派人还给项羽，自己一个人带着宝剑从小路逃走了。

陈平逃到黄河边，上了一艘小船。船家见陈平身材魁梧、仪表堂堂，手中还拿着宝剑，怀疑他是逃亡的将领，身上一定藏着不少的金银宝物，便想伺机谋害陈平。

船家的可疑举动很快便被陈平察觉。陈平心生一计，借故行船速度太慢，脱下自己的衣服与船家一起划船。船家看到陈平身上并无财物，这才放过了他。

◎ 投靠刘邦，却接受贿赂

陈平几经周折，终于来到了修武地区，这里是刘邦的地盘。通过好友魏无知，陈平与刘邦见面了。

刘邦召见陈平时，石奋正在刘邦手下担任中涓。他带着陈平与另外七个人一块儿去拜见刘邦。

双方见面后，刘邦与陈平等人吃了一顿饭，说道："各位吃完饭后，先回驿馆休息吧，有事情明天再谈。"

其他人闻听此言，纷纷起身告辞，唯有陈平坐着一动不动。他对刘邦说："我是为要事而来的，等不到明天。"

刘邦点点头，便将陈平留了下来。

刘邦问陈平："你在项羽手下官拜何职？"

陈平回答："都尉。"

随后，两人进行了一番长谈，刘邦对陈平非常欣赏，便任命陈平担任都尉之职，留在自己身边做参乘（陪行及驾驭马车的官员），随后又委以主管监督、检查将士行为的典护军之职。

初来乍到的陈平得到刘邦的赏识，令刘邦手下的将领们非常不满。他们私下议论说："大王刚刚得到一个从项羽那儿逃过来的士卒，并不了解他有多大的才能，却不仅让他当上了参乘，还命他来监督我们这些老将，这也太糊涂了。"

这些议论很快便传到了刘邦的耳朵里。刘邦毫不在意，更加宠信陈平，并让陈平与自己一起参与征讨项羽的战斗。

没过多久，刘邦在彭城被项羽击败，全军撤到荥阳。刘邦又任命陈平为副将，隶属韩王信，并让其在广武地区驻扎。

就在此时，刘邦的心腹周勃和灌婴在刘邦面前诋毁陈平说："陈平这个人徒有其表，实际上只是个草包，没有什么真才实学。我们听说陈平在故乡时就与嫂子私通，后来投奔魏国却无法

立足，不得不依附项羽。但在项羽身边也没做出什么贡献，这才逃过来投奔大王您。如今大王却对他非常信任，还给了他很高的待遇。

"我们还听说陈平私下接受将士们的贿赂，贿赂越多，得到的好处就越大，贿赂少的就遭到冷遇。这样的人反复无常，请大王将其治罪。"

将领们的诬陷终于令刘邦对陈平产生了怀疑。他召见了魏无知进行责问。

魏无知回答："我把陈平推荐给您，是因为他的才能，而大王您却在责问我陈平的品行。假如一个人有着崇高的品行，但对战争的胜负起不到丝毫作用，这样的人对大王又有何用处呢？如今楚汉相争，我向大王推荐擅长奇谋之才，只看他的能力是否对争夺天下有利。至于他是不是与嫂子私通，是否接受贿赂，这些都无关紧要。"

魏无知的一番辩解，并没有打消刘邦心中的不满。不久，他又召见陈平，斥责说："当年你侍奉魏王但不受重用，于是便去投靠项羽，后来又离开项羽来到我这儿，讲信用的人难道就是这样三心二意的吗？"

陈平回答："我侍奉魏王，魏王不采纳我的建议，所以我离开他去投靠项羽；项羽信任的人，不是他的宗族，就是他妻子的兄弟们，对我也是很不信任，因此我离开了项羽；我听说大王您善于用人，所以才来投奔您。

"我离开项羽的时候，身上一分钱都没有，若不接受贿赂就无法办事。假如我的计策大王能够采纳，就请您继续任用我。如果大王觉得我没有能力，那么我接受贿赂所得的黄金还在家中，我愿意将其封好并送交府库，我只希望大王能让我辞官回家。"

刘邦听完陈平的解释，终于明白了陈平的用意，便向陈平道歉，赐给了他很多财物，又任命他为护军中尉，监督手下的所有将领。从此以后，将领们再也不敢诋毁陈平了。

画外音： 面对众人的诬陷和刘邦的责问，陈平能把三心二意解释为另谋高就，能把收受贿赂解释为办事之需，可见他有着极强的危机处理能力。

◎ 屡出奇谋，平定天下

公元前 203 年，刘邦与项羽在荥阳一带爆发激战，刘邦兵败，被围困荥阳城，情况非常危急。刘邦想将荥阳以西的地区割让给项羽求和，但遭到项羽的拒绝。刘邦忧心忡忡，便召见陈平询问对策。

刘邦说："仗打到了这个份儿上，如何才能平定天下呢？"

陈平回答："项羽大军内部也存在着不少弱点。他身边廉洁、刚直之人仅有范增、钟离昧、龙且、周殷等寥寥数人，大部分人

都是贪婪、好利之辈。如果大王能拿出几万斤黄金，用离间之计挑拨离间项羽君臣关系，项羽内部一定会相互猜忌。项羽这个人疑心很大，又喜欢听信谗言，如此一来将不战自乱。然后大王再兴兵进攻，一定能消灭项羽。"

刘邦认为陈平的话很有道理，便拿出四万斤黄金给了陈平，任由其处置，从不过问具体的使用情况。

陈平用这批黄金在项羽军中进行大肆贿赂，挑拨项羽君臣之间的关系，并散布谣言说钟离昧等人因为得不到项羽的封赏而打

算归顺刘邦。

这条计策果然奏效。项羽起了疑心，不再信任钟离昧等将领，并派遣使者来到刘邦军中探听虚实。刘邦故意用最高的礼仪接待使者，并故作惊讶地对使者表示："我还以为是范增军师派来的使者，没想到原来是项王的使者来了。"于是命人撤掉原本准备的丰盛食物，改换粗劣的饭食招待使者。

使者返回后，将这一情况报告了项羽，项羽又对范增产生了怀疑。范增听说项羽怀疑自己，生气地对他说："天下大势已成定局，你自己看着办吧，我要告老回乡了。"随后，范增头也不回便离开了项羽，在途中病死。

成功施以离间计后，陈平又利用黑夜做掩护，派出两千名女子化装成士卒从荥阳城的东门出城。项羽以为是敌军突围，将主力调往东门防御，陈平趁机与刘邦一起从荥阳城的西门突围，为时一年的荥阳之战以刘邦的胜利突围而告终。

公元前 202 年，淮阴侯韩信攻占齐地，想自立为齐王，并派使者通报刘邦。刘邦大怒，高声叫骂。一旁的张良和陈平眼看形势不对，赶紧踢了刘邦脚，刘邦这才醒悟，转而隆重款待韩信的使者，并派张良前去齐地册封韩信为齐王。此举令韩信答应率领主力与项羽展开决战，最终歼灭了项羽，统一全国。后来刘邦对陈平在关键时刻的提醒非常感激，将户牖乡封给了陈平作为食邑。

【原著精摘】

　　汉王谓陈平曰："天下纷纷，何时定乎？"陈平曰："项王为人，恭敬爱人，士之廉节好礼者多归之。至于行功爵邑，重①之，士亦以此不附。今大王慢而少礼，士廉节者不来；然大王能饶人以爵邑②，士之顽钝③嗜利无耻者亦多归汉。诚各去其两短，袭其两长，天下指麾④则定矣。然大王恣侮人，不能得廉节之士。顾楚有可乱者，彼项王骨鲠之臣⑤亚父、钟离眜、龙且、周殷之属，不过数人耳。大王诚能出捐数万斤金，行反间⑥，间其君臣，以疑其心，项王为人意忌⑦信谗，必内相诛。汉因举兵而攻之，破楚必矣。"

【注释】

　　①重：看重。

　　②爵邑：爵位和食邑。

　　③顽钝：圆滑而没有骨气。

　　④指麾：指点，挥手。比喻事情很容易办到。

　　⑤骨鲠之臣：刚直的臣子。

　　⑥反间：离间之计。

　　⑦意忌：猜忌。

【译文】

　　汉王刘邦对陈平说："天下如此纷乱不堪，要到什么时候才能平定呢？"陈平说："项王为人谦恭、有礼、仁爱，一些清廉有节操且谦恭好礼的士人大都归附他。但到了论功行赏、授爵封邑时，项王却非常吝啬，士人又因此不愿归附他。如今大王傲慢无礼，清廉有节操的士人不愿归附；但大王对于赐给爵位、食邑非常慷慨，那些圆滑但没有骨气、好利无耻之人又大多归附汉王。假如能去掉双方的短处，吸收二者的优点，那么挥手之间，天下就能安定。不过，大王喜欢随意侮辱人，也就得不到清廉节操的士人。楚军在这方面有可以利用之处，项王身边刚直的臣子也就亚父范增、钟离昧、龙且、周殷这几个人而已。大王如果能舍得拿出几万斤黄金，施行反间计，离间楚国君臣，让他们互生怀疑，项王为人猜忌多疑，听信谗言，一定会互相残杀。汉军可趁机发兵攻打，必定能消灭楚军。"

稳定局势：活捉韩信灭吕氏

带着问题读《史记》

陈平为何能活捉韩信？

兵不血刃，活捉韩信

刘邦称帝不久，有人上书弹劾楚王韩信阴谋造反。刘邦询问了几个手下将领的意见，他们当中大多表示应立即出兵征讨。刘邦默不作声，又问陈平。陈平一再推辞道："陛下还是多听听将领们的意见吧。"

于是，刘邦便将将领们主张出兵的建议告诉了陈平。陈平反问刘邦："有人上书弹劾韩信谋反，还有没有其他人知道谋反这件事？"

刘邦回答："没有。"

陈平又问："韩信又是否知道陛下打算出兵征讨他呢？"

刘邦回答："不知道。"

陈平再问："陛下的军队与韩信的军队相比，谁的军队实力更强？"

刘邦答："自然是韩信军队的实力要强一些。"

陈平继续问："陛下的将领中有谁带兵打仗的能力超过韩信？"

刘邦答："没人能比得上韩信。"

陈平说："既然陛下的军队没有韩信精锐，将领用兵又比不上韩信，那么出兵征讨，就等于逼迫他与陛下作对，我认为这么做非常危险。"

刘邦点点头说："的确如此。那我们该怎么办呢？"

陈平回答："古时候天子要经常巡察各地。在南方有个地方名叫云梦泽，陛下可以谎称将巡察该地，下令各路诸侯在陈县相会。陈县这个地方在楚地的西界，韩信听到陛下只是巡察各地，必然不加防备，会亲自前往迎接陛下。到时候陛下出其不意将其捉拿，这仅仅需要一个大力士就足够了。"

刘邦认为陈平的计策非常高明，便派使者通知各地诸侯到陈县相会。韩信果然来到郊外迎接。刘邦预先埋伏的武士看到韩信出现，立即一拥而上将其抓获，并将他绑在刘邦的马车后面。

束手就擒的韩信大喊道："天下已经平定，我就应该被烹杀了。"

刘邦回过头来对韩信说："你不要大喊大叫了。你谋反的事情已经被查得一清二楚了！"

随后，刘邦押着韩信来到陈县，与各路诸侯会合，安定了楚国。回到洛阳后，刘邦赦免了韩信，将其贬为淮阴侯。

> **画外音：** "狡兔死，走狗烹；飞鸟尽，良弓藏。"打死了兔子和飞鸟后，猎人的狗和弓就没有用处了。韩信被抓之时喊出的那句话即来源于此。

再显身手，稳定局势

不久之后，刘邦论功行赏，陈平被封为户牖侯。可陈平却推辞说自己没有功劳，不愿接受赏赐。刘邦问他："我多次采用你提出的谋略，克敌制胜，这不是你的功劳又是谁的呢？"

陈平回答："如果不是当初魏无知向陛下推荐我，我又怎么能为陛下效命呢。"刘邦非常感慨，对陈平说："你真的没有忘本啊！"

公元前 200 年，陈平以护军中尉的身份随同刘邦一起参与了征讨匈奴的战斗。由于此战准备不足，情报有误，刘邦大军来到平城后中了埋伏，被匈奴团团包围，断粮达七天之久。

此后，刘邦采用了陈平提出的计策，派人游说匈奴单于的王后阏氏，这才脱险。

对陈平在平城之战中的突出贡献，刘邦念念不忘。后来他在巡视曲逆地区时，下令将陈平改封为曲逆侯，并将这座有五千户的城池赏赐给陈平作为食邑。

此后，陈平又跟随刘邦一起征讨叛将陈豨和黥布。在此战中，陈平先后献出六次妙计，每一次都大获成功。为了表彰陈平，刘邦又先后六次加封陈平。

刘邦击败黥布叛军回到京城长安，便一病不起。就在此时，燕王卢绾举兵谋反。刘邦派遣猛将樊哙前去征讨。

当樊哙领兵出发后，有人向刘邦诬陷樊哙。刘邦信以为真，大怒道："樊哙看到我生病，巴不得我早点死。"于是，刘邦采纳了陈平提出的抓捕樊哙的建议，并立即召见了绛侯周勃，下令由陈平和周勃追赶樊哙，并命周勃接管樊哙的军队。不过，刘邦却又让二人在逮捕樊哙后立即将其处死，这让陈平大感意外。

陈平与周勃领命后，立即率军追赶樊哙。陈平在途中告诉周勃："樊哙是陛下的老朋友，关系密切，功绩卓著。而且樊哙的妻子是吕后的妹妹吕嬃，与陛下又有亲属关系，地位显赫。陛下因一时气愤，下令将樊哙杀死，日后一定会后悔，到时候一定会迁怒于我们。因此，我们宁可将樊哙囚禁也不能杀他，让陛下亲自处置吧。"

随后，两人在军营附近设高台，用刘邦的符节召见樊哙。樊哙很快便被捉拿，被反绑双手押入囚车，陈平亲自押送。

就在返回长安的途中，陈平突然得到刘邦病逝的消息，担心吕后与吕嬃会因樊哙一事迁怒自己，便加快速度赶回长安。路上遇上了朝廷派来的使者，命令陈平和灌婴率部驻扎荥阳。然而，陈平却违抗命令，继续赶往长安。

等来到皇宫，陈平在刘邦灵前痛哭流涕，又故意将对樊哙的处置告诉了吕后。吕后得知妹夫还活着，长长地松了一口气。

⊛ 诛灭吕氏，再立新功

刘邦病逝后，吕后专政，陈平虽然被吕后任命为郎中令，后来又晋升为左丞相，却因当年为刘邦献策抓住樊哙而得罪了吕嬃。吕嬃多次在吕后面前进谗言，说陈平身为丞相，却每天沉迷于酒色之中。

陈平听到这个消息后，不但不加收敛，反而更加放纵。吕后听说了，心里暗暗很高兴，认为陈平不会对自己的专权造成威胁，便对陈平说："俗话说小人与女子的话最不能相信。只要你不与我作对，我就不会对你不利。吕嬃的话你根本不用在意。"

不过，令吕后万万没有想到的是，陈平对于吕氏的专权早已心生不满，他对吕后的顺从只不过是在等待时机。后来陈平与太尉周勃合谋，铲除了吕氏家族，在这一行动的实施过程中，陈平起到了最为关键的作用。

⊛ 要求隐退，却成了唯一的丞相

汉文帝继位后，认为周勃在诛灭吕氏的过程中功劳最大，想让周勃担任朝臣中地位最高的右丞相一职。

陈平得知文帝的想法，立即上表推荐周勃担任右丞相之职，自己托病隐退。

陈平的表态令文帝非常疑惑，他将陈平找去宫中询问原因。陈平回答："高祖刘邦在世时，周勃的功劳不如我，到了诛灭吕氏时，我的功劳不如他。所以我愿意推荐他担任右丞相。"

随后，文帝便下诏任命周勃为右丞相，但拒绝了陈平的隐退请求，将他任命为职位仅次于右丞相的左丞相，并赐给陈平黄金一千斤，增加食邑三千户。

又过了几年，年轻的汉文帝对于朝政越发关注。有一次他问右丞相周勃全国一年来处理的案件有多少，又问一年全国的财政收入与开支。周勃连忙谢罪，称自己并不清楚。

于是，文帝又问陈平。陈平回答："这些问题的答案，主管官吏都非常清楚。"

文帝又问陈平："主管官吏都是哪些人？"

陈平回答："陛下询问案件，就问廷尉；想问财政收支，就问治粟内史。"

陈平的回答令文帝很不满意，他又问道："假如每项事务

都有主管官吏在负责，那要你这个丞相做什么？"

陈平谢罪道："丞相之位对上辅佐天子，对下培育万物，对外威服四方，对内安抚百姓，让百官各尽其职。"

汉文帝听罢，这才转怒为喜。

下朝后周勃责怪陈平说："你怎么平时不教教我如何应对陛下的问话呢？让我在陛下及文武百官面前丢丑！"

陈平笑着回答道："你身为丞相，难道不知道自己的职责吗？再说陛下如果问你京城长安有多少盗贼，难道你也想勉强回答吗？"

此事过后，周勃自知才能无法与陈平相提并论，便托病辞去了丞相一职。至此，陈平成了文帝一朝唯一的丞相。

◎ 对自己有个精准预测

陈平曾经说过："我这一生经常使用阴谋诡计，这些都是道家所禁忌的。我的后人一旦出了问题，被废掉爵位，那我这个家族也就完了，无法被朝廷再度任用。这是因为我种下的祸根实在太多了。"

公元前 178 年，陈平病逝，其子陈买继承了曲逆侯的爵位。后来陈买的孙子陈何犯了罪，被判处死刑，封国被取消。陈家从此一蹶不振，果然应验了陈平当年说过的话。

【原著精摘】

平行闻高帝崩，平恐吕太后及吕媭谗怒，乃驰传先去①。逢使者诏平与灌婴屯于荥阳。平受诏，立复驰至宫，哭甚哀，因奏事丧前。吕太后哀之，曰："君劳，出休矣。"平畏谗之就，因固请得宿卫②中。太后乃以为郎中令，曰："傅教孝惠。"是后吕媭谗乃不得行。樊哙至，则赦复爵邑。

【注释】

①驰传先去：驾着驿站的马车，离开被押的樊哙赶赴京城。

②宿卫：在宫中担任守卫。

【译文】

陈平在返回途中听说刘邦去世，恐怕吕媭进谗言而引发吕后的愤怒，于是离开被押的樊哙，自己驾着驿站的马车只身前往京城长安。他路上遇到了朝廷的使者，命令他和灌婴一起驻守荥阳。陈平接受诏命，却依然驾车来到宫廷，哭得非常伤心，并在刘邦的灵堂向吕后汇报处理樊哙一事的经过。吕太后很同情陈平，说："你辛苦了，出去好好休息吧。"陈平害怕离开后有人趁机进谗言加害自己，于是坚决请求留在宫中担任守卫。于是吕后任命他做郎中令，说道："请你好好辅佐教导孝惠皇帝。"此后，吕媭的谗言起不到任何作用。樊哙被押到长安后便被免除了罪责，并恢复了原来的爵位和封邑。

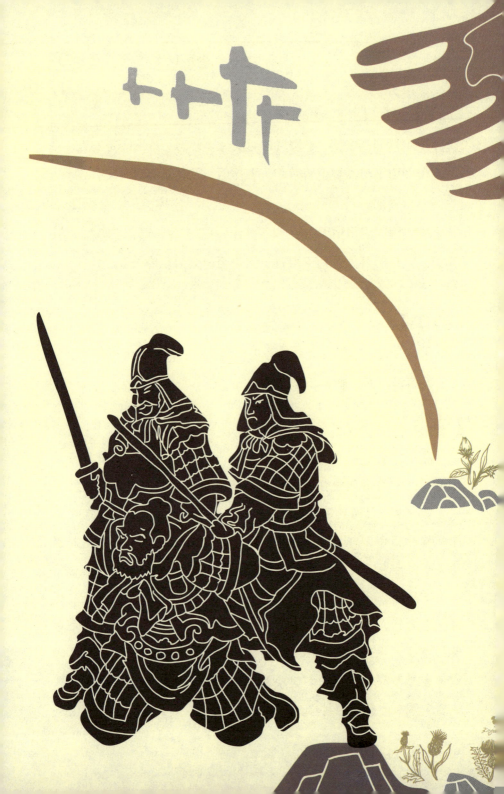

智不存身：周勃父子的故事

绛侯周勃世家

父亲驰骋中原，战绩辉煌，儿子平叛有功，威震四方，周勃父子堪称沙场名将。然而，这对父子却都有着一个同样的缺陷：智不存身。一个郁郁而终，一个活活饿死。

功绩卓著：心惊胆战过一生

带着问题读《史记》

周勃最大的功劳是什么？

⦿ 出身贫苦，战绩卓著

周勃是沛县人，家境贫困，平日以编织养蚕的用具为生，还时常在人家办丧事时吹吹打打以维持生计。闲暇之余，他对箭术有浓厚的兴趣，常年坚持练习，逐渐成了一名能拉开强弓的勇士。

公元前 209 年，刘邦在沛县起兵反抗秦朝，周勃以中涓（官名，负责清扫）的身份参战，并随刘邦一起参与了胡陵及方与之战。后来，周勃又随军进攻丰县，在砀县以东击败秦军后回师留县和萧县，连续取得了三次战斗的胜利。

在随后攻打下邑的战斗中，周勃身先士卒，第一个冲上了城楼，他因此被刘邦授予五大夫的爵位。

紧接着，周勃先后参加了攻克蒙、虞两县的战斗。在与秦军精锐章邯属军的较量中，周勃率军断后，挡住了秦军的疯狂进攻，又连续攻占魏地、爰（yuán）戚、东缗（mín）、栗县等地。在攻打啮（niè）桑的战斗中，周勃又是第一个登上城楼，率领全军夺取该城。

不久后，周勃率军在东阿城下与秦军展开激战，将敌军赶至濮阳一带，并攻克甄城。此后，他向都关、定陶、宛朐、单父、临济、寿张、卷县、雍县等地发动攻势，占领八座城池，连续击败秦军，并对开封展开了进攻。

此后，由于另一支义军项梁被秦军将领章邯击败，刘邦不得不率领军队东撤回到砀县。到这时，周勃已在刘邦军中效命了一年零两个月。

数月之后，楚怀王封刘邦为安武侯，担任砀郡郡守。刘邦任命周勃为虎贲县县令，并命周勃与其一起出征魏地。经过一番战斗，周勃助刘邦拿下了该地。周勃随后在城武地区与秦军东郡郡尉交手，打败秦军。秦军将领王离率军迎击周勃，被周勃击败。

此后，刘邦命周勃率军攻打长社、颍阳、缑氏、平阴津、尸乡、南阳等地，周勃均出色地完成了任务，并连续击溃秦军将领赵贲、吕齮（yǐ）等人。最终，周勃随刘邦一起攻破武关、峣关，在蓝田地区大破秦军，长驱直入攻占咸阳，秦朝由此灭亡。

◉ 转战南北，统一全国

秦朝灭亡后，项羽与刘邦的矛盾日益尖锐。为避免过早爆发冲突，刘邦听从了张良、萧何等人的意见，假意顺从项羽。项羽封刘邦为汉王，驻扎巴蜀一带。周勃也跟随刘邦一起来到了巴蜀。

公元前206年，刘邦率军来到汉中，周勃被任命为将军。

在随后爆发的平定三秦之战中，周勃战绩突出，刘邦将怀德县赐予周勃作为封地。

不久后，周勃率军攻克了槐里、好畤、咸阳等地，并迅速向北攻打漆县，歼灭了章平、姚卬（áng）的军队，随后回军攻占郿城和频阳等地，将章邯大军包围在废丘。

废丘之战结束后，周勃连续击败西县及盩厔地区的守军，并向上邽发动进攻，此后率军东进镇守峣关。

楚汉战争爆发后，周勃攻克曲逆、回军敖仓，多次与项羽的军队进行激战。到了公元前202年，项羽在乌江自刎，刘邦最终消灭了最强大的对手。

在此后统一全国的战争中，周勃转战南北，在楚地连续攻克二十二个县，随刘邦一起攻打燕王臧荼，并在易县城下将其歼灭。

战后，刘邦论功行赏，赐予周勃列侯的爵位，将绛县作为他的食邑，享受该县八千一百八十户的租税，周勃也因此被称为绛侯。

画外音：与韩信、曹参等人一样，周勃是西汉的开国名将，素以作战勇猛、战功卓著闻名于世。不过，战场上的如鱼得水并不代表能在官场上进退自如。这或许就是许多武将悲剧的缩影。

平定内乱，稳定局势

公元前200年，韩王信举兵谋反，周勃以将军的身份随刘邦出兵征讨。战事开始后，周勃率军攻克霍人县，随后挥师来到武泉县，与匈奴骑兵交战，并在武泉以北击溃敌军。之后他回师铜鞮（dī）县，击败韩王信的军队，连续攻克太原六座城池，并在晋阳城下一举击溃韩王信与匈奴骑兵。

不久后，周勃对韩王信的残军展开追击，先后攻克楼烦等三座城池，多次击溃匈奴骑兵。周勃在此战中的优异表现，令刘邦大为满意，战后将他晋升为太尉。

公元前 197 年，将领陈豨在赵国谋反。周勃率军讨伐，斩杀陈豨部将乘马絺（chī），并在楼烦地区与韩王信、陈豨、赵利等叛军展开会战，大败敌军，俘获陈豨部将宋最以及雁门郡守将圂（hùn）。

此后，周勃乘胜追击，向云中郡发动攻势，活捉守将遬（chì）、丞相箕肆和将领勋，平定雁门郡十七个县，云中郡十二个县。再后来，周勃在灵丘与陈豨狭路相逢，斩杀陈豨，活捉其手下的丞相程纵、将军陈武、都尉高肆等人，收复了代郡九个县。

公元前 196 年，燕王卢绾（wǎn）谋反。此时已担任相国一职的周勃接替樊哙率部征讨。周勃拿下了蓟（jì）县，俘虏卢绾手下的大将抵、丞相偃、郡守陉、太尉弱、御史大夫施等人，攻克浑都县，接着先后在上兰和沮阳两地击败敌军主力，然后顺势打到了长城，平定上谷十二个县、右北平十六个县，辽东及辽西的二十九个县，以及渔阳郡的二十二个县。

至此，周勃此战共抓获相国一人、丞相二人、将军和俸禄二千石以上的官员各三人。此外，周勃在独立作战时打败过两支军队，攻下三座县城，平定了五个郡共计七十九个县，俘虏了

丞相和大将各一人。

诛灭吕氏，辅佐文帝

公元前 195 年，周勃平定了燕国，班师回朝。这时，高祖刘邦已经病逝。周勃以列侯的身份辅佐汉惠帝刘盈。到了汉惠帝六年（公元前 189 年），周勃再度被任命为太尉。不过，此时朝廷的大权被皇太后吕雉所把持。

过了十年，吕雉病逝，她的侄子吕禄和吕产分别以赵王及吕王的身份就任上将军和相国，继续控制朝政，并图谋推翻刘氏，改朝换代。

此时，刘氏所重用的文武群臣纷纷遭到罢黜和迫害，就连身居太尉之职、掌管军队的周勃也无法进入军营的大门，相国陈平也无权处理国家大事。因此，周勃与陈平共同谋划，铲除了吕氏家族，拥立代王刘恒为帝，即汉文帝。

汉文帝继位后，将立下大功的周勃晋升为右丞相，赐予黄金五千斤，食邑一万户。

两度封相，惊恐度日

周勃就任右丞相一个月后，有人提醒他说："您诛杀了吕氏家族，拥立了代王为帝，立下了汗马功劳。现在您获得了皇帝的宠信和封赏，位高权重。但时间久了，难免会遭受猜忌，以后恐怕难逃灾祸。"

周勃认为此人的话说得很有道理，便主动向汉文帝请辞，汉文帝答应了他的请求。过了一年多，丞相陈平去世，其他大臣的资历和能力都不足以担任相位，于是汉文帝又下诏命周勃重新担任丞相。至此，周勃被两度拜相。

周勃担任丞相十几个月后，果然遭到汉文帝的猜忌。汉文帝对周勃说："前几天我下诏要求列侯们返回自己的封地，可还是有几人留在京城不走。您德高望重，应该以身作则，带头回到自己的封地才对。"于是以此为由免去了周勃的丞相之职，让他返回自己的封地。

周勃回到封地后，心中惊恐不已。每逢绛县所属的河东郡郡守、郡尉来到绛县巡视时，周勃都非常紧张，担心遭到杀害。因此，他经常身披铠甲，命令家人带上兵器，一起去见郡守和郡尉。

后来有人将周勃的举动报告给汉文帝，并诬陷周勃意图谋反。汉文帝随即下诏，命令廷尉进行调查。廷尉将此事交给长安主管刑狱的官员。

狱中的周勃非常害怕，每逢审讯都紧张得不知该如何回答官员的问题。因此，就连监狱的狱卒都认为周勃软弱可欺，对他肆意欺凌和侮辱。

为了保住自己的性命，周勃悄悄派人回到封地，拿来千斤黄金送给狱卒。这一招果然管用，狱卒不但对周勃的态度有了明显的改善，还主动提醒周勃可以找公主帮他洗清冤屈。这个提醒令周勃茅塞顿开。

原来，汉文帝的女儿是周勃长子周胜之的妻子。周勃命家人

将自己的冤情告诉了公主，又将自己所获得的全部赏赐都送给了公主的舅舅薄昭，请求薄昭出面向姐姐薄太后求情。

周勃的一系列举动很快收到成效。没过几天，薄昭就将周勃的冤情告诉了姐姐薄太后，薄太后也不相信周勃会谋反。因此，她在汉文帝来到自己的寝宫问安之际，气得用头巾扔向汉文帝，说："周勃以前身上带着高祖的印信，统率数万大军，那个时候他都没谋反。如今他住在一个小县城里，还会谋反吗？"

薄太后的愤怒令汉文帝对周勃案件的审理变得更加谨慎。他亲自查阅了案件的卷宗，相信周勃是被冤枉的。于是，他来到薄太后宫中谢罪说："我派人调查清楚了，周勃并没有谋反，我马上下令释放他。"

周勃就这样被释放了，他的封地和爵位也被恢复。不过，这件事对周勃造成了极大的影响。他出狱后感叹说："我曾经统率千军万马，却从来没想到一个小小的狱卒竟有这么大的权威啊！"

周勃回到封地后，更加小心谨慎。到了公元前169年，周勃病逝，谥号为武侯，其子周胜之继承了绛侯的爵位。过了六年，周胜之因杀人被剥夺了爵位和封邑。一年之后，汉文帝将爵位赐予了周勃的另外一个儿子。

这个人，名叫周亚夫。

画外音：汉文帝猜忌周勃，主要有三点原因：第一是立威；第二是示恩，一贬一提，一抓一放，让周勃知道感恩；第三是汉文帝想提拔自己的人，而不是刘邦留下的旧臣。

【原著精摘】

　　勃为人木强敦厚①，高帝以为可属②大事。勃不好文学③，每召诸生说士④，东向坐⑤而责之："趣为我语⑥。"其椎⑦少文如此。

【注 释】

　　①木强敦厚：憨厚刚直。

　　②属：委托，托付。

　　③不好文学：不讲究辞令，不善于修饰自己的言语。

　　④说士：游说之士。

　　⑤东向坐：自己向东而坐。古人以东向坐为尊，周勃这么坐，是不懂得客气和谦让的表现。

　　⑥趣为我语：有话快点说啊。

　　⑦椎：愚钝。

【译 文】

　　周勃为人憨厚刚直，高祖刘邦认为可以将大事托付给他。周勃不喜爱文辞学问，鄙视儒生，每次召见儒生和游说之士时，他都毫不客气面向东坐着，大声呵斥他们说："有话快点说啊！"他的愚钝憨厚竟然达到了这样的程度。

显赫一时：智不存身结局惨

带着问题读《史记》

周亚夫为何会饿死？

妇人看相，预言悲剧

周亚夫是周勃的次子。父亲周勃去世前，他已经在河内郡担任郡守一职。当时有个著名的女相师许负曾经为周亚夫看过相。

许负对周亚夫说："你在三年后会封侯，封侯八年后会担任大将以及丞相这样的高官，位高权重，身份显赫，满朝文武没有一个人能与你相提并论。不过再过九年之后，你就会饿死。"

周亚夫闻听此言哈哈大笑，对许负说："我的大哥已经继承了我父亲绛侯的爵位。万一我大哥不幸去世，他的儿子应该继承爵位，你怎么说我会被封侯呢？如果日后我真的像你说的那样尊贵无比，又怎么可能会饿死？"

许负指着周亚夫的嘴说："你嘴边有条竖直的条纹入口，这是饿死之相。"

三年后，哥哥周胜之果然因犯罪被剥夺了爵位。汉文帝打算在周勃家族中挑选一位贤能之人继承爵位，大臣们一致推荐了周亚夫。于是，汉文帝封周亚夫为条侯，继承周勃的爵位。

◎ 细柳阅兵，一举成名

公元前 158 年，匈奴大举入侵北部边境地区，给汉朝带来沉重压力。汉文帝任命宗正刘礼为将军，驻军灞上，以祝兹侯徐厉为将军，驻军棘门，又命河内郡守周亚夫担任将军，驻军细柳，准备让大军不久后前往边境地区，抵御匈奴的入侵。

有一天，汉文帝决定亲自去慰问军队。在灞上和棘门的军营，汉文帝都是骑马长驱直入，直接进入了军营，将士们也都全部下马跪拜迎送汉文帝。

不过，当汉文帝的先驱来到周亚夫驻扎的细柳军营时，守卫军营的将士们个个身披铠甲，手持兵器，将先驱挡在军营门外。

汉文帝的先驱对门口的都尉说："天子马上就要到了，还不赶紧打开营门迎接？！"

都尉回答："我们将军有令，军队中只听从将军的命令。"

过了一会儿，汉文帝的车驾来到了军营门前，被都尉挡住，无法进入。无奈之下，汉文帝命随从拿着天子的符节通知周亚夫说："我要进入军营慰劳军队。"周亚夫这才下令打开营门。

此时，守卫营门的都尉对汉文帝的随从说："将军规定，军营里不准车马奔跑。"汉文帝一听，只得勒紧缰绳，慢慢前行。

等进了军营，周亚夫拿着兵器向汉文帝拱手行礼说："身穿盔甲的将士不能跪拜，请允许我以军礼拜见。"

汉文帝深受感动，神情变得庄重起来，他俯身靠在马车的横木上，向将士们敬礼。随后，他派人向周亚夫道谢说："皇帝向所有将士问好。"

慰问的仪式结束，汉文帝一行离开周亚夫的军营，群臣感到不解。汉文帝则感慨说："周亚夫是个真正的将军。之前我在灞上和棘门看到的军队，军纪涣散，如同儿戏，这要真打起仗来，很容易遭敌军偷袭而成为俘虏。如果每支军队都能像周亚夫的军队这样，敌人还敢侵犯吗？！"

对于周亚夫的治军之道，汉文帝赞不绝口。一个月之后，汉文帝将周亚夫晋升为中尉，掌管京城的治安。

公元前 157 年，汉文帝病逝。临终之际，他对当年周亚夫的表现依然念念不忘。他对太子刘启说："国家一旦出现危险，周亚夫是个真正可以担当重任、领兵平乱之人。"

> **画外音：** 周亚夫治军严谨，带兵有方，这也为他日后在战场上屡立战功奠定了坚实的基础。

平定七国，显赫一时

汉文帝病逝后，太子刘启登基，即汉景帝。周亚夫被任命为车骑将军。

到了公元前 154 年，吴王刘濞（bì）联合楚王刘戊、胶西王刘卬等七国发动叛乱。周亚夫以中尉的职位代行太尉的职权，领兵平叛。

当时，叛军正向梁国发动猛攻，汉景帝一度想让周亚夫率部驰援梁国，与叛军展开决战。不过，这个建议遭到了周亚夫的反对。

周亚夫对汉景帝说：“楚军一向以骁勇善战著称于世，如果正面交锋，我军占不到任何便宜，只会损兵折将。因此，我建议不要进入梁国与敌军发生正面对抗。希望梁国能暂时拖住叛军，我们从后方切断叛军的粮草运输线，然后伺机击败叛军。”汉景帝同意了周亚夫的提议。

随后，周亚夫下令参战的各路大军迅速向荥阳地区集结。而就在此时，梁国的情况越来越危急，守将多次派人请求周亚夫采用正面交锋的方式吸引叛军，以缓解梁国的压力。

不过，周亚夫却拒绝了梁国的请求。他不但没有派兵与叛军交锋，反而命令全军向东急行军赶至昌邑城，并在那里挖深沟筑高垒进行固守。

此后，梁国又多次派人来到昌邑城，要求周亚夫出兵救援。但周亚夫坚决不肯发兵。

梁国将此事上奏汉景帝。汉景帝非常焦急，派使者来到昌邑城，命令周亚夫立刻派兵驰援梁国，但遭到周亚夫的拒绝。周亚夫坚持己见，继续坚守阵地。

不久后，周亚夫的行动正式开始。他命弓高侯韩颓等将领出兵，

截断了叛军的粮道。叛军粮食告罄，多次向汉军发动进攻，但在周亚夫的严令下，汉军依然坚守不出，避而不战。

有一天晚上，汉军突然发生躁动，营内将士相互攻击，一度闹到了周亚夫的营帐。但周亚夫却始终躺在床上不起来。不久之后，混乱结束了。

此后，叛军向周亚夫军营的东南角发动偷袭。周亚夫却下令加强对军营西北角的防御。

不久之后，叛军果然以精锐猛攻西北角，遭到周亚夫早已埋伏在此的汉军的顽强抵抗，始终未能攻破汉军防线，只好全军撤退。

周亚夫眼看时机已到，立即下令派出精锐部队追击叛军。叛军猝不及防，被杀得大败，吴王刘濞只好扔下军队，跟着几千名士兵逃跑，一直逃到了江南的丹徒县据城死守。

此时，周亚夫下令全军发动总攻，很快便歼灭了叛军主力并斩杀了吴王刘濞。

这场战争历时仅三个月，以周亚夫的胜利而宣告结束。直到此时，汉景帝和文武大臣才明白，当初周亚夫坚持己见不去援救梁国的方案是正确的。

不过，令周亚夫没想到的是，由于战争开始阶段没有直接出兵援救梁国，使得梁孝王刘武非常恼怒，从此他便萌生了报复周亚夫的念头。

结局悲惨：预言成真陷绝境

"七国之乱"被平定后，汉景帝恢复了太尉这一官职，让周亚夫担任。又过了五年，周亚夫被晋升为丞相，汉景帝对他也非常器重，但一次皇室继承人之争却让两人之间的密切关系发生了天翻地覆的变化。

　　公元前153年，汉景帝听信长公主刘嫖之言，想废掉太子刘荣。对此，周亚夫坚决反对，引起汉景帝的不满。从此以后，汉景帝逐渐疏远周亚夫。

　　汉景帝对周亚夫的疏远，令梁孝王刘武有了报复周亚夫的机会。此后，他每一次进京朝见，都会故意在窦太后面前谈论周亚夫的缺点，慢慢地使得窦太后改变了对周亚夫的看法。

　　有一次，窦太后建议汉景帝将皇后的长兄王信封侯，汉景帝非常为难，担心此举违反祖制，便提出与丞相商议后再做定夺。此后，汉景帝询问周亚夫的意见，周亚夫以高祖刘邦规定的非刘姓不得封王、非大功不得封侯为由，坚决反对将王信封侯。汉景帝听罢默默无语，王信封侯之事从此不了了之。

　　不久，匈奴王唯、徐卢等五人归顺汉朝，汉景帝打算将他们封为侯爵来吸引更多的匈奴人归顺，但此举又遭到了周亚夫的反对。

　　周亚夫当众表示："这些人都是背叛了自己的君主来投奔陛下您的。如果陛下将他们封侯，那么以后又怎么去处置那些不守节的臣子呢？"

　　汉景帝对于周亚夫的表态非常恼火，当即回答道："丞相的意见不可采纳。"于是下诏将五人都封为列侯。

　　此事过后，周亚夫也非常生气，从此称病不出。到了公元前147年，周亚夫被免除了丞相的职务。

　　后来，汉景帝在宫中召见周亚夫，并赐周亚夫饭食。可周亚夫一看饭桌，却发现上面只有一盘大块的肉，不但没有切开，连筷子都没有。

周亚夫心中气愤，回头让身边的侍从去找筷子。此时，汉景帝笑着说："这难道还不如你的意吗？"周亚夫只好脱下帽子谢罪。汉景帝随即站了起来，周亚夫顺势快步退出去，离开了皇宫。

当周亚夫的背影消失在门口时，汉景帝冷冷地说："这样一个心怀不满的人，哪能侍奉未来的皇帝呢？"

周亚夫回到封地没多久，他的儿子向为宫廷打造宝剑的作坊购买了五百件殉葬用的铠甲和盾牌。由于周亚夫的儿子平日里经常克扣雇工们的工钱，这些雇工对其非常痛恨，一气之下举报周亚夫之子违反规定，购买国家使用的殉葬品，这件事情很快牵连到周亚夫的身上。

汉景帝得知此事，将其交给狱吏处理。狱吏根据举报的内容责问周亚夫，周亚夫一言不发。随后，汉景帝亲自去见周亚夫，大骂道："我也用不着你回答了！"下令将周亚夫交由廷尉。

廷尉责问周亚夫说："你想造反吗？"

周亚夫回答："我买的都是殉葬用的器具啊！怎么说是要造反？"

狱吏在一旁说道："即使你不在活着的时候造反，也将在死后造反吧？"

此后，狱吏更加肆无忌惮地迫害周亚夫。

当初，周亚夫被抓时曾想自杀，但被其夫人阻止，这才被抓进了监狱。数日审讯之后，周亚夫受尽凌辱，在狱中绝食五天。最终，他如当年许负预言的那样，活活饿死。

画外音：与父亲周勃一样，周亚夫虽然在疆场上骁勇善战、足智多谋，但在官场上却屡次犯忌，不仅干涉汉文帝立太子的家事，还企图阻止汉文帝采用怀柔的政策对待匈奴降将。再加上当年他在"七国之乱"期间得罪了梁王刘武，引起太后的不满。故此，汉文帝对周亚夫心存猜忌，最终将其迫害而死。

【原著精摘】

　　绛侯周勃始为布衣时，鄙朴①人也，才能不过凡庸。及从高祖定天下，在将相位，诸吕欲作乱，勃匡②国家难，复之乎正。虽伊尹、周公，何以加哉！亚夫之用兵，持威重③，执坚刃④，穰苴曷有加焉！足己而不学⑤，守节不逊⑥，终以穷困。悲夫！

【注释】

①鄙朴：粗陋朴实。

②匡：扶正，救助。

③持威重：有威严，且非常稳重。

④执坚刃：意志坚定，法令严明。

⑤足己而不学：自以为是，不学习古人。

⑥守节不逊：在坚守臣节时表现不谦逊。

【译文】

　　绛侯周勃最初还是个平民的时候，是个粗陋朴实的人，才能与普通人一样。后来随高祖刘邦平定天下，身居将相之位，吕氏家族谋反作乱，周勃挽救国家危难，重新稳定了刘氏江山，即使伊尹、周公这样的贤人也不能超过他！周亚夫善于用兵，威严庄重，法令严明，坚韧不拔，亲自披甲持刀冲锋陷阵，即便如司马穰苴这样的名将也不过如此！可惜他满足于自己的聪明才智而不虚心学习，谨守节操而不知顺从局势以保全自己，最后陷入绝境，这真是令人悲伤啊！

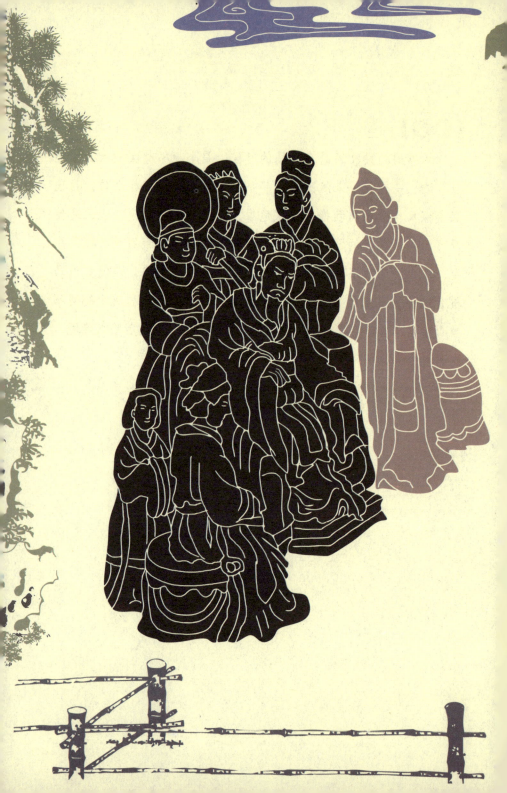

恃宠而骄：梁孝王刘武的故事

梁孝王世家

母亲的溺爱，让儿子有了非分之想。实力的增强，促使野心不断膨胀。身为皇子，刘武却动起了歪脑筋。志大才疏，又成了他失败的致命伤。

酒后之言：引发数十年恩怨

带着问题读《史记》

刘武为何会觊觎帝位？

酒后之言，惹出一场风波

汉文帝刘恒一共有四个儿子，分别是长子刘启，次子刘武，三子刘参和四子刘胜。其中刘启和刘武都是皇后窦氏所生。

刘恒继位后，加封刘武为代王，后来又先后改封为淮阳王和梁王。在此期间，刘参和刘胜先后病逝，只剩下了太子刘启和刘武，这哥儿俩的关系也越发亲近。

公元前 157 年，刘恒病逝，太子刘启登基，即汉景帝。而此时，刘武已经做梁王九年了。

公元前 154 年，刘武来到京城长安觐见汉景帝。刘启与刘武一起来到母亲窦太后的寝宫，行家人之礼，与母亲唠起了家常。窦太后素来宠爱刘武，见小儿子来看望自己，心里非常高兴。

为了让母亲开心，汉景帝随即在宫中大摆筵席，并邀请文武大臣参加，气氛非常热闹。没过多久，汉景帝就喝醉了。他拍着弟弟刘武的肩膀说道："我百年之后，皇帝之位就交给你了。"

刘武听了，大吃一惊，两眼紧盯着哥哥刘启，窦太后则非常高兴。她知道，此时的刘启尚未立太子，故此她判断刘启的这番话是发自内心，真的想将帝位传给弟弟刘武。

此时，窦太后的侄子窦婴立刻走到窦太后和汉景帝面前，跪在地上说："按照高祖定下的规矩，帝位是传给儿子和孙子的。陛下怎么能够传给兄弟，这岂不是坏了祖制吗？"

此言一出，汉景帝终于意识到自己酒后失言，默不作声，窦太后很不高兴。刘武虽然很失望，但看着母亲的表情，心中若有所思。

◎ 平定叛乱，功不可没

就在这场宴席结束后不久，吴王刘濞与楚国、赵国、胶东国、济南国及淄川国等七位诸侯王发动叛乱，史称"七国之乱"。吴、楚两国联军向梁国棘壁地区发动猛攻，杀死梁国军民数万人，最终攻克了棘壁。

棘壁失守后，刘武率军阻击叛军，战事不利，梁国局势越发危急。为此，刘武多次向朝廷求救。汉景帝随即下令中尉周亚夫率军平叛。

面对实力强劲的叛军，周亚夫认为与叛军展开正面较量难以取胜。于是，他绕道蓝田、武关，到达雒（luò）阳，并在昌邑地区挖深沟、筑高垒，与叛军展开对峙。

周亚夫的这一行动，使得刘武所在的正面战场压力越来越大。刘武直接派使者来到昌邑面见周亚夫，希望周亚夫能尽快与叛军展开决战，结果遭到周亚夫的拒绝。

刘武对此非常恼怒，随即上表汉景帝。汉景帝下诏，要求周亚夫尽快发动进攻，但又被周亚夫拒绝。刘武再度陷入苦战。

眼看援军无望，刘武调整战术，命韩安国与张羽担任将军，率军在梁国以东地区阻击叛军。两人临危受命，终于巩固了防线，挫败了叛军发起的攻势，梁国的局势这才得到缓解。

三个月后，周亚夫截断了叛军的粮草供应线，并向叛军发动猛攻。刘武率军配合周亚夫大军作战，终于将叛军击溃。战后统计，梁国杀死和俘虏叛军的数量与周亚夫所率领的朝廷大军的斩获不相上下。

公元前 153 年，"七国之乱"终于被平定。刘武因战功卓著受到汉景帝的封赏，梁国的疆域面积也扩展至北面至泰山、西面至高阳，合计有四十多座城池，且疆域内大多数是大县，人口众多。

◉ 招揽豪杰，增强实力

得知刘武在平定"七国之乱"中立下大功，窦太后非常高兴，并以此为由给予了刘武很多的赏赐，数量之多，难以统计。而刘武也认为自己有功于社稷，理应获得更好的封赏。

于是，他下令修建一座方圆三百余里的东苑，又将睢（suī）阳城扩大到七十里，还大肆兴建宫殿，修筑架空通道，从王宫连接到平台达三十里。

除此之外，刘武每次出入，都打着汉景帝赏赐的旌旗，随从车马成千上万。他每次外出打猎，排场规格都与皇帝一样，出入清道戒严，禁止行人走动。

同时，刘武广揽天下豪杰，崤山以东的游说之士纷纷前来投靠他。与此同时，他下令铸造了大量兵器，数量达到了数十万之多。

经过短短数年时间，梁国的军事、经济实力都有了很大的提升，梁国府库中的金钱达到百万，珠宝玉器的数量比京城还要多。

不过，刘武在梁国的肆意妄为令汉景帝很不高兴，这个消息也很快传到了窦太后的耳朵里。窦太后宠爱刘武，认为这一定是刘武受到其手下的煽动和迷惑，便迁怒于梁国派到京城的使者，拒绝召见他们，还派人进行责问。

母亲的行为令刘武这名孝子心中非常不安。为了平息这场风波，他决定派韩安国作为使者前往京城长安。

韩安国来到长安后，求见刘武唯一的姐姐、馆陶长公主刘嫖。他哭着对刘嫖说："为何太后对梁王作为儿子的孝心和臣子的忠心都视而不见呢？当初七国之乱时，天下诸侯大多依附叛军，只有梁王依然对朝廷忠心耿耿，梁王想到太后和皇帝被困在京城，潸然泪下，不顾危险率军出击，终于击败了叛军，稳定了江山社稷。功劳之大，举国皆知。但如今太后却因为听到一些风言风语就责备梁王，这实在是错怪他了。

"再者说梁王与陛下是亲兄弟，梁王的车马都是陛下赏赐的。

他之所以使用陛下赐予的车马，出入清道戒严，就是想在偏远的县城热闹的城池炫耀，让天下人都知道太后和陛下都宠爱他。如今太后多次责备梁国派来京城的使者。梁王得知后心中非常害怕，日夜哭泣，不知该如何是好。为什么一个孝顺的儿子及忠心的臣子就不能得到太后的怜惜呢？"

馆陶长公主刘嫖被韩安国的这番话深深打动了，随后她将这番话转告给了窦太后。窦太后也转怒为喜，又将这些话说给了汉景帝。汉景帝一听，两眼一热，摘下帽子向太后认错，并表示："我们兄弟之间没有互相劝教，竟给太后平添烦恼。"

经过韩安国的化解，太后与汉景帝对刘武的态度发生了很大的改观，并重赏了刘武，汉景帝与刘武的关系更加亲密起来。

太后想成全儿子，却埋下了祸端

公元前150年，刘武进京觐见汉景帝。汉景帝派使者拿着符节，坐着天子副车，前往潼关迎接。刘武与汉景帝见面后，提出在京城居住，得到了汉景帝的准许。

从此，刘武经常与汉景帝同乘一车出入皇宫内外，一起前往上林苑捕猎。随同刘武来京城的梁国侍中、郎官、谒者的名字都被登记在皇宫的名簿之上，可以自由进出皇宫，与宫中的宦官没有任何区别。

同年十一月，汉景帝罢黜了太子刘荣，窦太后一心想让刘武成为皇位的继承人，便对汉景帝说："我听说殷人亲亲，而周人尊尊，其实道理都是一样的。等我百年之后，梁王刘武就托付给你了。"

　　汉景帝想了半天，没明白母亲的话究竟是什么意思，便随口答应了一声离开了母亲。

　　随后，汉景帝立即召见袁盎及其他通晓经学和儒学的大臣，让他们分析母亲之语的含义。袁盎回答："太后的意思是想让陛下立梁王为太子。"

　　汉景帝一愣，连忙让袁盎解释原因。

　　袁盎继续说："所谓殷人亲亲，就是要立弟弟，而周人尊尊，指的是立儿子。殷商的制度崇尚质朴，质朴就是效法上天，亲近他所亲爱的人，所以传给弟弟。周朝的制度讲究文饰，文饰则是效法大地，尊的意思就是敬，也就是敬重本源，所以立长子。周朝的制度还规定，如果太子死了，就传位给嫡长孙。但殷朝的制度则完全相反，如果太子死了，就传位给弟弟。"

　　汉景帝又问其他大臣："你们的看法如何？"

　　所有大臣异口同声地回答："如今我们汉朝的制度是效法周朝的。周朝的制度是不能立兄弟，应当立儿子。"接着，大臣们又引经据典，以春秋时代宋宣公立兄弟不立儿子为例，指出此举的危害性，并向汉景帝请求前往太后寝宫进行解释。

　　得到汉景帝的允许后，在袁盎的带领下，这些大臣又来到窦太后的寝宫。

　　袁盎直截了当地问窦太后说："听说太后要立梁王为太子，臣等想请教一下，如果梁王真的成了皇帝，那么他的继承人又是谁呢？"

　　窦太后回答："应该立皇帝的儿子。"

听完窦太后的这番话，袁盎便将之前对汉景帝说过的宋宣公的故事又讲了一遍，将立兄弟不立儿子的危害性进行了一番解释。窦太后听完，知道大势已去，便下令让刘武返回梁国。

当刘武离开长安之际，回头看了看巍峨雄伟的皇宫，心中充满怒火。

画外音：刘武觊觎皇位，除了个人野心之外，最为关键的是母亲窦太后的溺爱所致。窦太后首次暗示汉景帝立刘武为太子时，刘武也明白汉景帝并无此意。但当窦太后第二次提出此事时，刘武的想法却发生了很大的变化，认为自己应该被立为太子。这也导致了之后他派人刺杀袁盎等大臣的报复行为。

【原著精摘】

又诸侯王朝见天子，汉法凡当四见耳。始到，入小见①；到正月朔旦②，奉皮荐璧玉③贺正月，法见④；后三日，为王置酒，赐金钱财物；后二日，复入小见，辞去。凡留长安不过二十日。小见者，燕见于禁门内，饮于省中⑤，非士人所得入⑥也。今梁王西朝，因留，且半岁。入与人主同辇，出与同车。示风以大言⑦而实不与，令出怨言，谋畔逆，乃随而忧之，不亦远乎⑧！非大贤人，不知退让。

【注释】

①小见：报到式的拜见。

②正月朔旦：正月初一早晨。

③奉皮荐璧玉：把碧玉放在皮子做的衬垫上用盘子托着。

④法见：按照礼仪规定所进行的正式朝见。

⑤省中：宫中。

⑥非士人所得入：不是一般官员可以进去的。

⑦大言：指汉景帝说出的让梁孝王继位的话。

⑧不亦远乎：岂不是太离谱了吗？

【译文】

　　再说诸侯王朝见天子，根据汉朝的法规只四次已经足够。刚到京城入宫觐见，叫作"小见"；到了正月初一的清晨，捧着皮垫，摆上璧玉向皇帝道贺正月，叫作"法见"；过了三天，皇帝为诸侯王设宴，赐给金钱财物；再过两天，诸侯王再入宫"小见"，然后辞别归国，留居长安一共不超过二十天。所谓"小见"，即在宫内用家人的礼仪相见，并在宫中饮宴，这不是一般官员所能进入的。如今梁王西入长安觐见皇帝，趁此留在宫中，住了将近半年。他入宫和皇上同辇而坐，出宫与皇上同车而乘。皇上还经常对梁孝王说些夸大其词的话，实际上又不能兑现，以致梁王口出怨言，图谋造反，到这时候才为他担忧，这不是太离谱了吗？不是大贤大德的人，是不懂得谦恭退让的。

心怀怨恨：暗害大臣郁郁终

刘武为何刺杀袁盎和大臣？

◎ 买凶杀人，露出马脚

刘武回到梁国没多久，汉景帝便立儿子胶东王刘彻为太子。刘武得知这一消息后，更加怨恨袁盎，便与心腹羊胜、公孙诡等人商议，最终决定派遣刺客刺杀袁盎。

第一位刺客很快便来到了关中。这位刺客很想了解即将被自己刺杀的袁盎究竟是个怎样的人物，便沿途进行打听，无论是百姓还是官吏对袁盎都赞不绝口，这些评价最终改变了刺客的决定。

几天后，刺客见到了袁盎。他不但没有下手，反而向袁盎亮出了自己的身份和任务。他对袁盎表示："我是接受了梁王的收买来刺杀您的。您是一个厚道之人，我不忍加害。不过，梁王得知我没有杀您，必将派出更多的刺客来杀您，希望您多加防备。"说完，刺客扬长而去。

没过多久，另外一名刺客出现在袁盎的面前。当他拔出宝剑刺向袁盎之前，袁盎问了一句："我就是人们常说的袁将军，你是不是找错人了。"

这名刺客冷冷地回答："找的就是你！"说完便一剑刺死了袁盎，然后转身逃走，宝剑还插在了袁盎的身上。

除了袁盎之外，刘武又派出其他刺客刺杀了十几位当初劝阻汉景帝的大臣。

众多大臣被杀，很快引起了轩然大波，汉景帝下令严查，很快便从杀死袁盎的宝剑上找到了证据。经过工匠辨认，确定此剑是随刘武一起来的郎官找工匠铸造的。这个证据令汉景帝意识到刘武很可能就是这些案件的背后主谋，于是下令官吏前往梁国抓捕凶手。

最终，刺客被抓获，供出了刘武的心腹羊胜和公孙诡。于是，朝廷派专人到梁国进行调查。刘武心惊胆战，将羊胜和公孙诡等人藏匿在后宫。

一连数月时间，来到梁国抓捕羊胜、公孙诡的朝廷官吏越来越多，梁国内史韩安国心急如焚，虽然他并不知道是刘武在背后主使，以为此事只是羊胜和公孙诡所为，但却明白此事将会陷刘武于困境之中。

因此，韩安国对刘武表示："让君主受辱，臣子就该死。大王手下没有好的臣子，所以事情才会发展到这一步。如今既然抓不到羊胜和公孙诡，就请您赐死我来顶罪吧。"

刘武不解地问道："你又何必如此呢？"

韩安国哭着说："大王您想想自己与皇帝的关系，比起当年

太上皇与高祖，以及皇帝与临江王之间的关系，哪一个更为密切？"

刘武回答："我都比不上。"

韩安国又说："太上皇与高祖、皇上与临江王都是父子关系，但高祖说：'拿着三尺宝剑夺得天下的人是我。'因此太上皇始终无权过问政务，只能住在栎阳宫。临江王是皇上的嫡长子，却因为母亲犯错，被罢黜了太子之位，变成了临江王。

"为何会这样呢？因为治理天下终究不能因私废公。俗话说，'虽然是亲生父亲，如何知道他不会变成虎呢？虽然是亲兄弟，又如何知道他不会变成狼呢？'

"如今您位列诸侯，却听信谗言，违反禁令，扰乱法律。皇上因为太后的原因，不忍心处罚您。太后日夜哭泣，希望大王能改过。可大王您却始终没有醒悟，万一太后因此去世，大王您日后又能依靠谁呢？"

韩安国的话终于打动了刘武。他哭着对韩安国说："我马上将羊胜和公孙诡交出去。"

不过，最终刘武担心万一将两人交给朝廷，会暴露自己，于是命羊胜和公孙诡自杀而死。之后，刘武将两人的尸首交给了朝廷，认为只要二人一死，这个案件也就不了了之了，不会再追查到自己头上。但令刘武没有想到的是，汉景帝并没有打算这么轻易地放过他。

◎ 入朝请罪，郁郁而终

虽然羊胜、公孙诡已死，但大量的证据表明，此事与刘武有着密切的联系。汉景帝非常生气，窦太后为此心惊肉跳，担心儿子因此获罪。

为了救儿子，窦太后想出了一个办法：绝食。她想以此改变汉景帝的想法。

窦太后的计策果然成功了。得知母亲开始绝食，汉景帝非常不安，询问大臣怎么办。

不少大臣认为，应该让精通经书、头脑灵活的官员去办理此案，方能做到面面俱到。

最终，汉景帝选择了大臣田叔和吕季主前往梁国审理此案。二人深知汉景帝的担心和忧虑，将刘武背后主使此事的所有证据烧毁，回来报告汉景帝说："梁王刘武并不知道这件事情，只有他的宠臣羊胜和公孙诡参与。臣等已经调查完毕，梁王并没有参与其中。"

汉景帝明白事情的原委，嘴上却不点破，对二人表示："你们赶紧去报告太后。"

窦太后听完两人的汇报，大喜过望，立刻坐起来吃饭。

得知此案的最终结果后，刘武长长地松了一口气，连忙上奏请求进京觐见汉景帝。在得到汉景帝的同意后，刘武立刻出发进京。

当刘武到达潼关时，手下大臣茅兰建议刘武乘坐用布围着的马车进京，只带两名随从。刘武明白茅兰这是在提醒自己，便一口应允。

来到长安后，刘武心中还是有些担心，于是便躲进了姐姐家中。而就在此时，汉景帝派去迎接刘武的马车因没见到刘武只得空车

返回。汉景帝一时也不知道刘武究竟去了哪里，窦太后则放声痛哭，大骂道："皇帝杀了我的儿子！"

没过几天，刘武从姐姐嘴里得知汉景帝已经不打算再进行追究，便来到皇宫门前，趴在刑具上请罪。得知刘武平安，窦太后和汉景帝都非常高兴，相拥而泣。

不过，从此以后，汉景帝对刘武的态度也越来越冷淡。

到了公元前144年，刘武再度进京觐见汉景帝，并上书请求留在京城居住，但遭到汉景帝的拒绝，刘武只好返回梁国。同年六月，刘武一病不起，郁郁而终。

画外音：与刘武一样，汉景帝也是个孝子，对于母亲的立场和态度非常关注。母亲以绝食的方式暗示汉景帝放过刘武，汉景帝不得不从。

【原著精摘】

其夏四月，上立胶东王①为太子。梁王怨袁盎及议臣，乃与羊胜、公孙诡之属阴②使人刺杀袁盎及他议臣十余人。逐其贼③，未得也。于是天子意④梁王，逐贼，果梁使之。乃遣使冠盖相望于道，覆按⑤梁，捕公孙诡、羊胜。公孙诡、羊胜匿王后宫。使者责二千石急⑥。梁相轩丘豹及内史韩安国进谏王，王乃令胜、诡皆自杀，出之⑦。上由此怨望于梁王。梁王恐，乃使韩安国因长公主谢罪太后，然后得释。

【注释】

①胶东王：即后来的汉武帝刘彻。

②阴：暗中。

③逐其贼：追查刺客的行踪。

④意：怀疑。

⑤覆按：反复检验审查。

⑥责二千石急：严厉要求梁国的大臣交出主谋。

⑦出之：将其尸体交了出来。

【译文】

这年夏天四月，皇上立胶东王刘彻为太子。梁王怨恨袁盎和其他大臣，便与羊胜、公孙诡等人密谋，暗中派人刺杀袁盎及十多位大臣。朝廷追捕凶手，一无所获。于是汉景帝怀疑梁王。后来抓住了凶手，果然得知是梁王背后主使。汉景帝派遣使者不断来到梁国反复调查，要逮捕公孙诡、羊胜。公孙诡、羊胜藏匿在梁王的后宫。使者严厉要求梁国的大臣交出他们，梁相轩丘豹和内史韩安国进谏梁王，梁王命羊胜、公孙诡自杀，之后把他们的尸体交了出来。汉景帝因此怨恨梁王。梁王非常恐惧，便派韩安国通过长公主刘嫖向太后认罪，请求宽恕，事情才得以解决。